郑州市名街志文化工程

# 东大街街道志

郑州市地方史志编纂委员会　主办
郑州市地方史志办公室　编著

中国水利水电出版社
www.waterpub.com.cn
·北京·

**图书在版编目（CIP）数据**

东大街街道志 / 郑州市地方史志办公室编著. -- 北京 : 中国水利水电出版社, 2019.12
郑州市名街志文化工程
ISBN 978-7-5170-8202-6

Ⅰ. ①东… Ⅱ. ①郑… Ⅲ. ①区(城市)—地方志—郑州 Ⅳ. ①K296.15

中国版本图书馆CIP数据核字(2019)第253806号

总 策 划：营幼峰
选题策划：马爱梅 宋建娜 张小思
责任编辑：罗 汐

| | |
|---|---|
| | 郑州市名街志文化工程 |
| 书　名 | 东大街街道志<br>DONG DAJIE JIEDAO ZHI |
| 作　者 | 郑州市地方史志办公室 编著 |
| 出版发行 | 中国水利水电出版社<br>(北京市海淀区玉渊潭南路1号D座 100038)<br>网址: www.waterpub.com.cn<br>E-mail: sales@waterpub.com.cn<br>电话: (010) 68367658 (营销中心) |
| 经　售 | 北京科水图书销售中心 (零售)<br>电话: (010) 88383994、63202643、68545874<br>全国各地新华书店和相关出版物销售网点 |
| 排　版 | 北京金五环出版服务有限公司 |
| 印　刷 | 北京印匠彩色印刷有限公司 |
| 规　格 | 184mm×260mm 16开本 12.5印张 220千字 |
| 版　次 | 2019年12月第1版 2019年12月第1次印刷 |
| 印　数 | 0001—2100册 |
| 定　价 | 98.00元 |

管城回族区东大街街道区划示意图

东大街街道俯瞰之一

SPD BANK

东大街街道俯瞰之二

商城遗址东城墙

301

郑州文庙

商城遗址公园

# 郑州市名镇志、名村志、名街志编纂委员会

**主　　任**　孙晓红

**副 主 任**　柴　丹　朱　军

**委　　员**（按姓氏笔画排序）

于　珊　王丹东　任　莉　刘长春　刘军杰　李伟光

杨　洁　杨　洋　张建锋　陈　军　林　海　虎荣鑫

周建超　屈连武　胡光程　康红阳　梁豫生

**主　　编**　朱　军

**副 主 编**　王丹东　梁豫生　刘长春

**编　　委**　丁明伟　王西林　孔令岳　冉　宁　向天燕　刘　琴

刘华东　安伯乐　李　磊　南必成　徐　宁　路培育

**编　　辑**　李艺博　刘　恒　王　丹　李　靖　高　畅　魏海薇

**学术顾问**　刘　杰　河南省文学艺术界联合会副主席、河南省美术家协会主席

李运江　河南省美术家协会顾问

封曙光　河南省美术家协会副主席

丁　昆　河南省美术家协会副主席、河南省美术家协会油画艺术委员会主任

魏　剑　河南日报报业集团编委委员、河南日报农村版总编辑

徐建勋　河南日报郑州分社社长

顾　华　河南日报农村版总经理

郑东军　郑州大学建筑学院副院长、教授

阎铁成　郑州中华之源与嵩山文明研究会副会长

张　永　郑州报业集团党委委员、纪委书记

张绍宇　郑州市雕塑壁画院创研员

# 《东大街街道志》编纂委员会

# 序

2018年以来，我们在中国地方志指导小组办公室、河南省地方史志办公室的热情指导和大力支持下，在郑州市各县（市、区）地方史志工作机构及相关镇、村、街道的共同努力下，开拓创新，克难攻坚，相继完成了11部镇志、1部村志、18部街道志，共计30部基层志书的编纂出版工作。这是我市坚持以习近平新时代中国特色社会主义思想为指引，认真贯彻落实《全国地方志事业发展规划纲要（2015—2020年）》（国办发〔2015〕64号），围绕中心、服务大局，推动地方志事业高质量发展、发挥存史、资政、育人职能作用的一项重要成果。

这30部志书以镇志、村志、街道志为主线，全面、客观地记述了郑州从一座古老的城市发展成为国家中心城市的历史进程，阐释了中华文明、中原文化在郑州这座城市的文明形态起源、嬗变和现代转型。聚焦黄河文化、商都文化、黄帝文化、河洛文化、嵩山文化和二七精神等重要的城市文化名片，我们组织编纂了管城区《东大街街道志》《西大街街道志》《城东路街道志》，二七区《德化街道志》，金水区《杜岭街道志》，巩义市《回郭镇志》《大峪沟镇志》《康店镇志》《河洛镇志》《站街镇志》，新郑市《孟庄镇志》《新建路街道志》，惠济区《古荥镇志》，上街区《峡窝镇志》《方顶村志》，中牟县《雁鸣湖镇志》，新密市《刘寨镇志》，登封市《告成镇志》等一批志书。我们尝试从地方志的角度描述、分析这些文化的历史演进，宏大叙事与微观剖析并重，讲述方志故事，凝聚城市精神，发现并彰显这些深藏在街道社区、乡镇村庄里的城市文化根脉。

我们借鉴人文地理学和社会学的调查研究方法，在中原区委、区政府的支持下，组织编纂了该区《西流湖街道志》《中原西路街道志》《桐柏路街道志》《三官庙街道志》《棉纺路街道志》《绿东村街道志》《林山寨街道志》《汝河路街道志》《航海西路街道志》《须水街道志》《秦岭路街道志》《建设路街道志》12部街道志，对一个行政建置区域的政治、经济、文化、社会、生态建设状况，特别是对自中华人民共和国成立以来各个历史时期的发展做了全方位的较完整记述。这些街道志组成了美丽的“方志拼图”，从中我们可以清晰地看到中原区从一个传统的城郊农业区，在新中国成立初期形成郑州市的市级行政中心、文化中心和现代工业区，改革开放以来经过国企改革的华丽“蝶变”，转型升级为现代化宜居宜业新城区的时空轨迹。

我们在丛书编纂中基本采用了中国地方志指导小组办公室确定的中国名镇志、名村志、名街志编写体例，以质量为生命线，强化精品意识，与各编纂单位和出版单位一起，对每部志书严把政治关、史实关、体例关、文字关、出版关，认真贯彻落实《郑州市地方志工作规定》要求，理顺管理体制和运行机制，分级负责与属地管理相结合，明确了市、县（市、区）、镇（街道）、村等各级在志书编纂中的具体权责，一级抓一级，层层抓落实，形成了踏石留印、抓铁有痕的良好工作格局。

在编纂方式上，我们积极适应“读图时代”的现代读者需求，在锤炼文字表达的同时，特别突出了“图像存史”的作用。我们与河南省美术家协会合作，组织一批在省内乃至全国有影响力的优秀画家，深入基层开展采风创作，用画笔描绘郑州美丽乡村和城市现代街区风貌。我们要求编纂单位注意对优秀美术作品的资料收集，如巩义籍著名画家陈天然、徐小龙等长年扎根农村基层，创作出一批表现浓郁乡土风情的优秀美术作品，经其家人慨允，许多作品收入相关志书，成为熠熠生辉的亮点。中共郑州市委宣传部外宣办，河南日报新闻图片有限公司，郑州日报社及市、县（市、区）摄影家协会等单位和许多优秀、敬业的摄影家，为我们提供、创作了一大批精彩的摄影作品，与志书篇章结构和语言文字同步配合，形成了一个全新的图像叙事体系。这已不是简单的配图、插图、图文并茂，而是把图像证史、存史放在了编纂方式创新的维度上来考量其价值与意义。

为提高志书编纂的学术品质，我们与郑州大学建筑学院合作，开展传统村落与民居保护和城市街区建筑文化专项调查，形成了一批研究成果，并在编纂中予以重点展示。郑州市是中华文明探源工程、夏商周断代工程等考古研究的重点区域，拥有世界文化遗产——登封“天地之中”历史建筑群和诸多国家重点文物保护单位，各类历史文化遗迹俯拾即是。

在文物部门的大力支持下，我们在相关志书编纂中，注意收录考古最新发现及研究成果，以丰富志书编纂的文化内涵。

这里需要特别感谢的是，河南日报农村版、中国水利水电出版社等单位积极、热情地参与到编纂工作中，帮助我们探索了史志工作与专业机构通力合作、优势互补、众手成志的史志编纂新模式。在这部丛书出版之际，谨向支持、参与这项工作的所有部门、单位，领导、专家和基层史志工作者表示真诚的谢意！

以上是我们在郑州市名镇志、名村志、名街志文化工程中的一些尝试，不足之处敬请批评指正，以便在今后工作中认真加以改进。

郑州市地方史志办公室

2019年12月

# 凡 例

一、全面深入贯彻党的十九大和十九届二中、三中全会精神，以马克思列宁主义、毛泽东思想、邓小平理论、“三个代表”重要思想、科学发展观、习近平新时代中国特色社会主义思想为指导，坚持实事求是原则，全面、客观、系统地记述各名街发展过程和改革开放成果，保护和传承名街历史文化，激发爱国爱乡情怀，为探索中国街区建设和城市发展模式、发展道路提供历史智慧和现实借鉴。

二、编纂质量参照中国地方志指导小组印发的《地方志书质量规定》执行。在坚持志体前提下，体裁运用、篇目设置、资料选择等作适当创新。内容记述突出名街“名”与“特”等内涵，应执简驭繁、文约事丰、易于阅读、利于普及。

三、为全面反映名街发展演变脉络，各志上限尽量追溯至事物发端，下限一般断至各街志启动编纂年份。个别重大事项延至搁笔。

四、以下限年份的街区范围为主，与所述名街紧密相关的街巷从简记述。

五、采用纲目体，分类目、分目、条目三个层次。横排门类，纵述史实。除《中国名街志丛书参考篇目》要求的必设类目外，其余类目突出时代特色、地方特点。

六、综合运用述、记、志、传、图、表、录等体裁，以志体为主。

七、除引用原文和附录文献资料外，统一使用规范汉字及现代语体文、记述体。记事坚持秉笔直书、述而不作，寓观点于记述之中。行文力求朴实、严谨、简洁、流畅，可读性强。

八、志中随文配图照，图照下附注文字说明。

九、所需数据一般采用政府统计部门数据，无统计数据的选用主管部门正式发布的数据。

十、志中所称“解放前（后）”，以当地解放日为界；“新中国成立前（后）”，以中华人民共和国成立日 1949 年 10 月 1 日为界；“改革开放前（后）”，以中共十一届三中全会召开的 1978 年 12 月为界。

十一、记事均从第三人称角度记述。人物直书姓名，必要时冠以职务或职称。地名以现行标准地名为准；使用历史地名的，首次出现时括注现行地名。各历史时期党派、团体、组织、机构、职务或职称等均以当时名称为准。称谓过长而又频繁使用的，首次出现时使用全称同时括注简称，之后使用简称。

十二、遵循国家标准和出版规定，志中数字书写以 GB/T 15835—2011《出版物上数字用法》为准，标点符号使用以 GB/T 15834—2011《标点符号用法》为准。

十三、志书所用重要资料尽量注明出处。附载文章于篇后注明资料来源。

十四、本凡例关于名街志编纂中的未尽事宜，可在《编纂始末》中予以说明。

# 目　录

# 概述

LOCAL RECORDS OF DONGDAJIE

# 一

文物见证商城历史。保留在管城回族区东大街街道内的夯土古城垣和郑州商代遗址，将郑州这座城市的历史追溯到3600年前的商王朝。

商王朝是我国历史上第二个奴隶制国家。其国都历史上称为“亳都”。商朝开国帝王汤在灭夏前经营“亳都”16年，灭夏后又复归“亳都”。此后，“亳都”历经汤、太丁、外丙、仲壬、太甲、沃丁、太庚、小甲、雍己、太戊10王。“亳”作为商朝第一个都城，前后存在近200年，可是“亳都”城址究竟在何处，曾经是后世史学界寻找、猜测、争论的千古之谜。而这个谜底随着1950年郑州商城遗址的发现、发掘而逐渐被揭开。

从1950年秋开始到20世纪末，考古学界对郑州商城遗址进行了持续多年的考古发掘与研究，以郑州老城为中心，在东起凤凰台、西迄西沙口、北至花园路、南到二里岗约25平方千米的范围内，发现了大量商代房基、窖穴、墓葬、壕沟、水井、祭祀坑等遗迹，出土了大批铜器、玉器、陶器、骨器、蚌器、原始瓷器等遗物。除了遗迹、遗物外，矗立在郑州管城回族区的数段夯土古城垣，经考古论证为商代的城墙。

“郑州商城即汤都亳说”是北京大学邹衡教授提出的著名论点。1978年，邹衡正式向学术界公布其20余年的研究成果，发表《郑州商城即汤都亳说》（简称《郑亳说》）一文。《郑亳说》立论的依据有四条。其一，古代文献记载过东周时期郑地有亳。如《左氏春秋经》襄公十一年：“秋，七月，己未，同盟于亳城北。”林注：“亳城，郑地。”其二，郑州商城出土东周陶文证明东周时期郑州为商城亳都。其三，汤都亳的邻国及其地望与郑州商城相合；其四，郑州商文化遗址发现的情况与成汤居郑地之亳相合。《郑亳说》在学术界影响巨大，随后考古学界对郑州商城遗址进行了持续多年的考古发掘和研究。20世纪末，最终认定“郑州商城就是汤都之亳”。

在东大街辖区内，被保护起来的商代夯土古城垣、商代宫殿遗址及青铜器窖藏坑等，见证了郑州作为世界东方最古老的城市之一的辉煌历史，是中国城市发展进程中的一个重要标志。

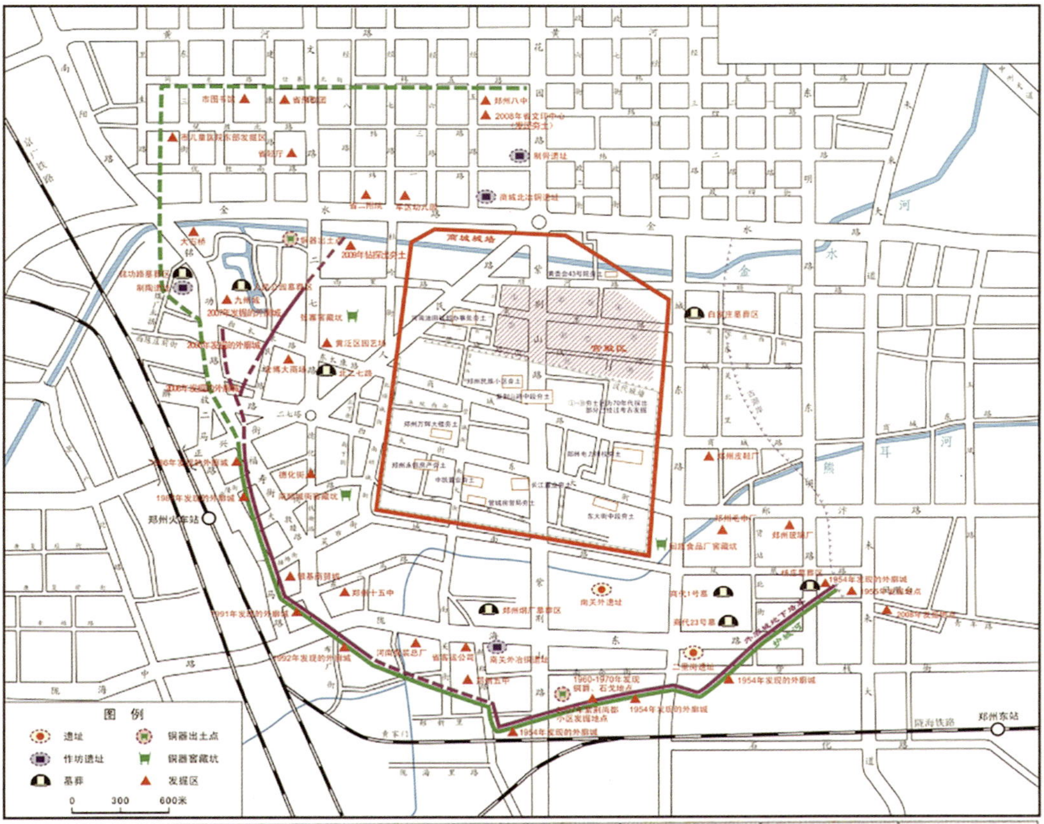


| | | | | | | |
|---|---|---|---|---|---|---|
| ① 第1夯土区 | ①-⑩ 夯土区为70年代探出部分已经过考古发掘 | ⑳ 东大街中段夯土区 | 8.南关外遗址发掘区2处 | 18.郑州五中 | 28.铭功路制陶作坊 | 38.省保险公司 |
| ② 第2夯土区 | ⑪ 黄委会43号院夯土区 | ㉑ 管城房管局夯土区 | 9.河南省商业储备公司 | 19.郑州十五中 | 29.大石桥 | 39.郑州八中 |
| ③ 第3夯土区 | ⑫ 河南油田驻郑办事处夯土区 | ㉒-㉓ 夯土区均经过考古发掘 | 10.火车站 | 20.德化街 | 30.市儿童医院东部发掘区 | 40.河南省政协 |
| ④ 第4夯土区 | ⑬ 郑州民族小区夯土区 | 1.杨庄墓葬区 | 11.紫荆山路中南段 | 21.银基商贸城 | 31.省图书馆 | 41.紫荆山铸铜遗址 |
| ⑤ 第5夯土区 | ⑭ 紫荆山路中段夯土区 | 2.商代23号墓 | 12.南关外铸铜遗址 | 22.二七路 | 32.省轻厅 | 42.河南报业大厦 |
| ⑥ 第6夯土区 | ⑮ 郑州电力技校夯土区 | 3.郑州玻璃厂 | 13.郑州市木材公司 | 23.黄泛区园艺场 | 33.省豫剧团 | 43.制骨作坊 |
| ⑦ 第7夯土区 | ⑯ 郑州万辉大楼夯土区 | 4.郑州毛巾厂 | 14.烟厂墓区 | 24.郑州金博大商场 | 34.省二附院 | 44.省电信局 |
| ⑧ 第8夯土区 | ⑰ 郑州永恒房产夯土区 | 5.郑州皮鞋厂 | 15.烟厂家属区 | 25.杜岭街 | 35.军区幼儿园 | 45.白家庄墓区 |
| ⑨ 第9夯土区 | ⑱ 中机置业夯土区 | 6.河南电机厂 | 16.河南服装总厂 | 26.人民公园青年湖 | 36.省委大院 | 46.回族食品厂青铜器窖藏坑 |
| ⑩ 第10夯土区 | ⑲ 长江置业夯土区 | 7.二里岗遗址发掘区 | 17.河南省客运公司 | 27.九州城 | 37.省委家属院 | 47.南顺城街窖藏坑 |

郑州商城遗址示意图

2016年8月27日，商都历史文化区建设大幕拉开。商都历史文化区规划以商文化为特色，通过充分挖掘保护、展示利用，唤醒沉睡的历史文化元素，将其打造成为集历史、文化、创意、艺术、科技等元素于一体的世界商都文化创意旅游示范区、郑州市的“城市名片”和“城市会客厅”。

根据规划，商都历史文化区的核心区就在东大街街道辖区内。

# 二

东大街街道名称来源于辖区内的东大街。东大街是管城回族区的一条传统老街，始建于唐代。唐高祖武德四年（621 年）置管州，重修城池，东辟“寅宾门”，通往中牟、开封，此后城门内逐渐形成街道。

明嘉靖《郑州志·街巷》中记载的敏德街就是东大街的前身。1927 年改为中山东街，20 世纪 60 年代一度更名为解放东路，1978 年恢复使用东大街名称。自 1951 年，郑州市第一区东大街街政府设立后，东大街街道属地几经变化，到 2003 年，郑州市管城回族区东大街街道办事处设立。辖区面积 1.53 平方千米。

辖区内文物荟萃、分布集中、特色突出，除了郑州商城遗址外，辖区内的遗址古迹不胜枚举。

创建于东汉明帝永平年间（公元 58—75 年）的郑州文庙，是祭祀孔子的祠庙，在古代，文庙（亦称孔庙）被视为儒家文化及中华民族传统文化的体现和象征。

明代的郑州文庙，前庙后学，先师庙四进院落，殿宇廊亭 200 余间，占地 100 余亩。明清时期，郑州文庙经历数次重修重建；民国初年和抗日战争期间，郑州文庙内多次驻兵，复遭破坏。

中华人民共和国成立以来，河南省人民政府和郑州市人民政府都十分重视郑州文庙的维修、保护工作。2004—2006 年，郑州市委、市政府对郑州文庙进行复建，修复完工后

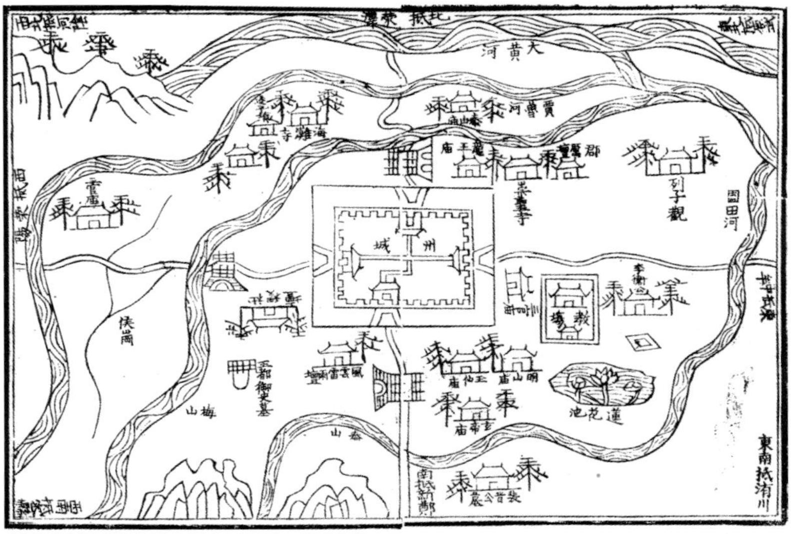

嘉靖《郑州志》中的疆域图

的郑州文庙南北长 181.5 米，东西宽 45 ~ 48 米，恢复了历史上的巍峨之势，于 2006 年 6 月 10 日中国首届文化遗产日对外开放。

自 2006 年重建开放以来，郑州文庙先后举办了祭孔典礼、书画展、名家笔会、道德讲堂、成童礼、成人礼等各种公益文化活动，使其不仅成为传播传统文化的阵地，也成为郑州市著名的旅游景点。

建于唐玄宗开元元年（713 年）的开元寺，宋代在寺前建成有舍利砖塔，塔高 13 级，

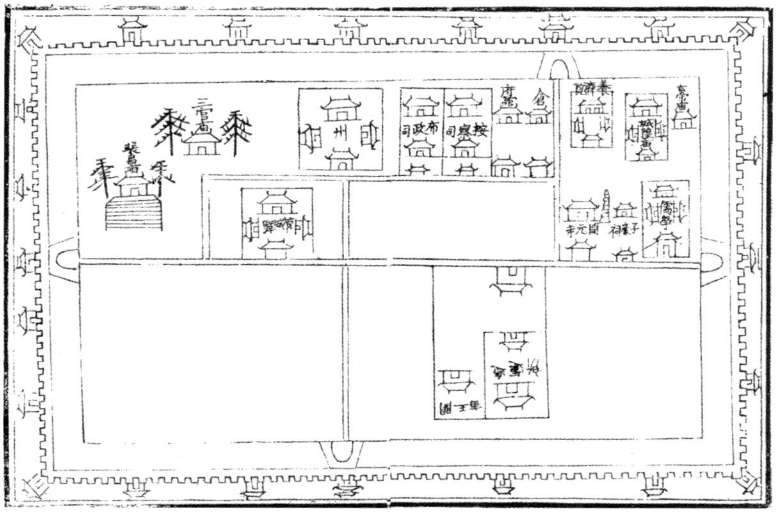


嘉靖《郑州志》中的城池图

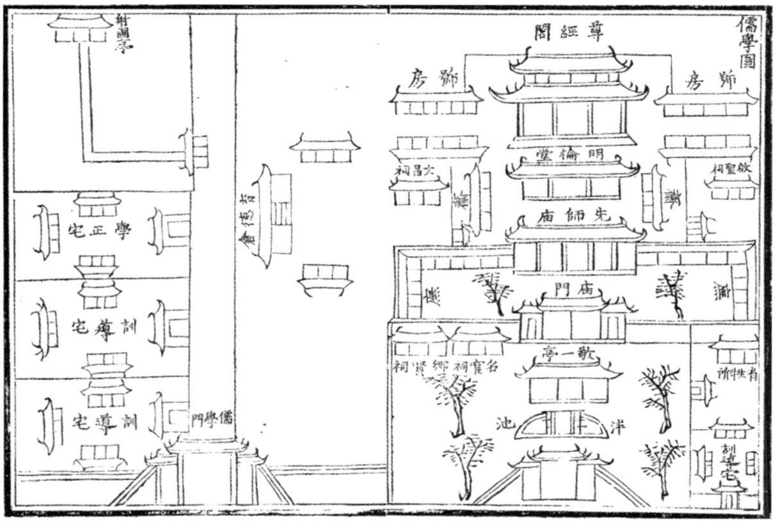


嘉靖《郑州志》中的儒学图

30余米，因古塔耸峙，风景幽雅，晴日遥望蓝天，浮云掠塔而过，素有“古塔晴云”之称，曾被列为“郑州八景”之一。

子产祠遗址在郑州市东大街东段路北。子产祠是祭祀子产的祠堂，子产为先秦政治家和思想家，春秋时郑国执政（相当于后来的宰相），郑穆公之孙。在子产祠遗址曾发现过明万历年间记有“古之遗爱”的子产祠碑刻。

建于明崇祯年间的中天书院位于今书院街北侧，建于清乾隆年间的东里书院位于子产祠东侧、郑州文庙西侧。清光绪年间，郑州知州王成德把东里书院移建至衰落的中天书院旧址，并重建照壁、大门、讲堂、东西楼房和斋房等建筑，恢复了中天书院初期时的规模，成为中原地区著名的书院之一。

## 三

旧时的东大街自西向东是慢坡，其中有一条丈余深的沟壑，东段是洼地，每到雨季，路面水深盈尺，尤其郑州文庙后面，常年积水，可行舟船，街民外出，多以舟筏代步，路况之差，可以想见。

1901年11月初，慈禧、光绪外逃西安后返京，路过郑州，因东大街乃必经之路，知州李元祯为迎銮驾，召众多百姓修路，又铺以黄土，才使该路基本平坦。1932年，郑州一些药材商人、乡绅，为筹办郑州药材骡马大会，报请官府修路，地方官员限令沿街居民修整门前沟坎，并填平深沟，至此，东大街才得以平坦畅通。

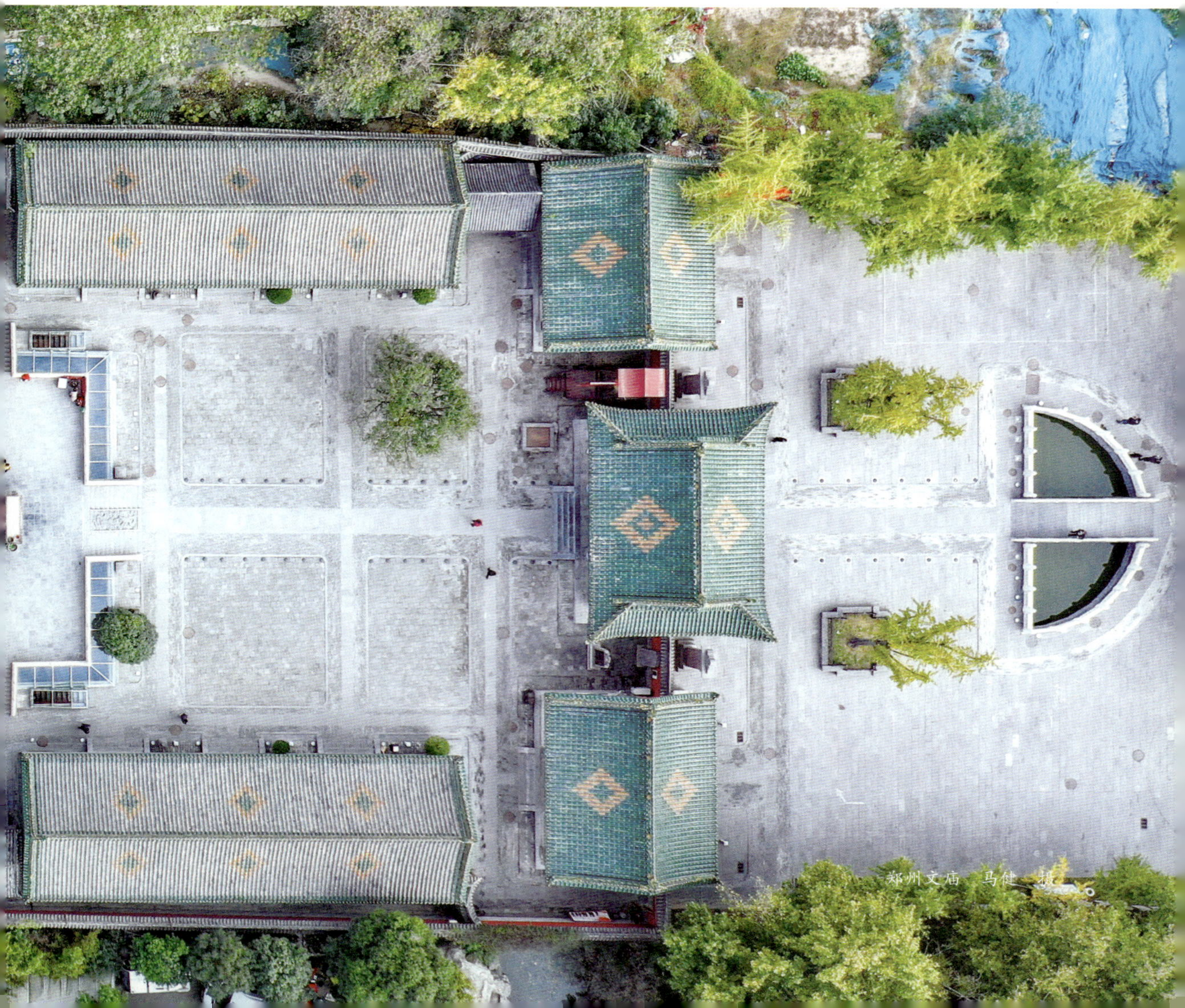

郑州文庙 马健 摄

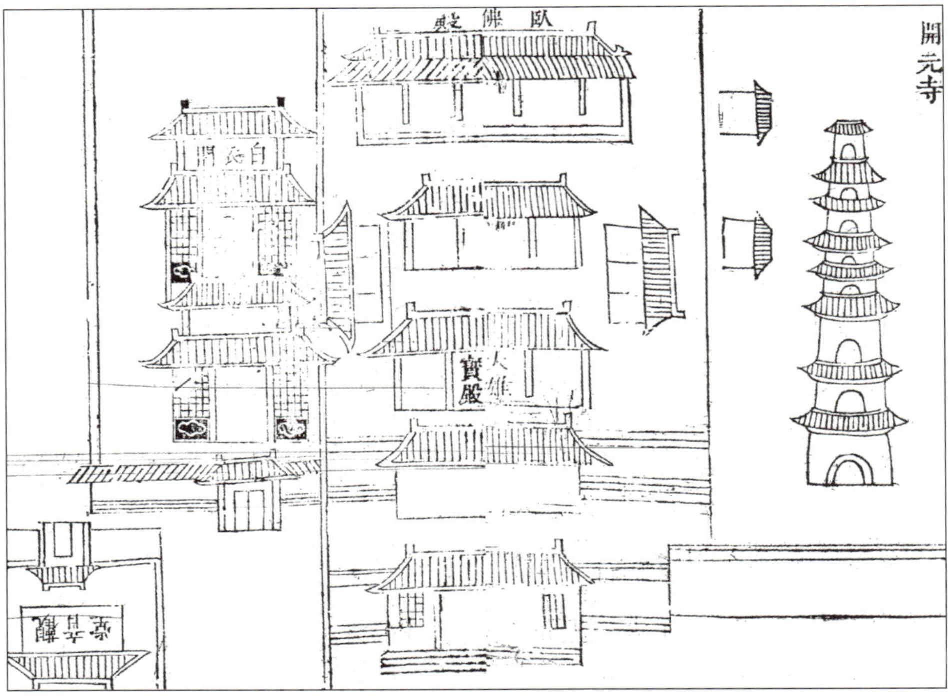


康熙《郑州志》中的开元寺图

1954 年，东大街建成平直的柏油马路。1999 年，郑州市政府对东大街进行拓宽改造，改造后的东大街街道宽 35 米，沿街建有商铺、商业广场，配以形式各异的花坛、草坪、雕塑，呈现出浓郁的商业气氛和时尚的生活气息。

如今的东大街，商都历史文化区建设正在积极推进，经过 3 ~ 5 年的努力，这里将成为展示郑州国家中心城市魅力的文化高地。

## 四

古时东大街辖区平民居多，生活水平低下，民间有“穷东街，富南街，花布粮行属西街”之说。

20 世纪二三十年代，在东大街西段，分布了手工业作坊、商业店铺、餐饮服务、酒馆、旅馆等商业门店；经营大宗中药材的药行、药栈也集中于南大街、东大街一带。从 1931 年起，在郑州塔湾和东大街一带开始举办郑州药材骡马大会，东大街附近商业逐渐发展起来。

中华人民共和国成立后，东大街西段有解放影院、郑州轴承厂、郑州人民医院一分院等单位。五六十年代，东大街辖区内，有郑州针织厂、郑州市瓦楞制箱厂、郑州市文化用品厂、郑州市第二皮鞋厂、郑州市房管局材料厂、郑州市第四木器厂等中型企业在此兴办。

1997年年底，紫荆山路北段打通，改善了东大街辖区投资环境；2000年，东大街进行升级改造，街道两边高楼大厦拔地而起，楼宇经济开始发展。从2007年起，街道把招商引资作为促进街道经济发展的重要突破口，大力发展了辖区楼宇经济和黄金珠宝业。

21世纪以来，东大街辖区内城市建设、管理日趋完善，黄金珠宝业发展成为街道产业特色经济，楼宇经济创造的税收成为街道主要税收来源，街道经济指标递增速度居管城回族区前列。

# 基本街情

东大街街道位于管城回族区的东部，地理坐标为北纬 24°28′，东经 119°28′。辖区东起郑汴路熊耳河，西至南关街，南起城南路，北至商城路。辖区面积 1.53 平方千米。

至 2018 年，街道共辖 6 个社区、1 个行政村，常住人口 2.38 万余人。街道党工委、办事处机关驻地商城路 2 号。

# 历史沿革

## 街名由来

东大街街道名称来源于辖区内的东大街。

东大街，郑州老城内的主干道之一，原称敏德街，1927 年易名中山东街，俗称东街，解放后命名东大街，1967 年改名解放东路，1978 年复名东大街。

郑州东大街是管城回族区的一条传统老街，历史悠久，初建于唐代。这里商业繁华，20 世纪二三十年代，郑州药行、药栈多集中于此。2000—2001 年，东大街拓宽改造，街道宽阔，商业聚集，形成以商业商务居住为主要功能的新型商业街圈。

## 属　地

1948 年，辖区属郑州市第一区第七街公所。

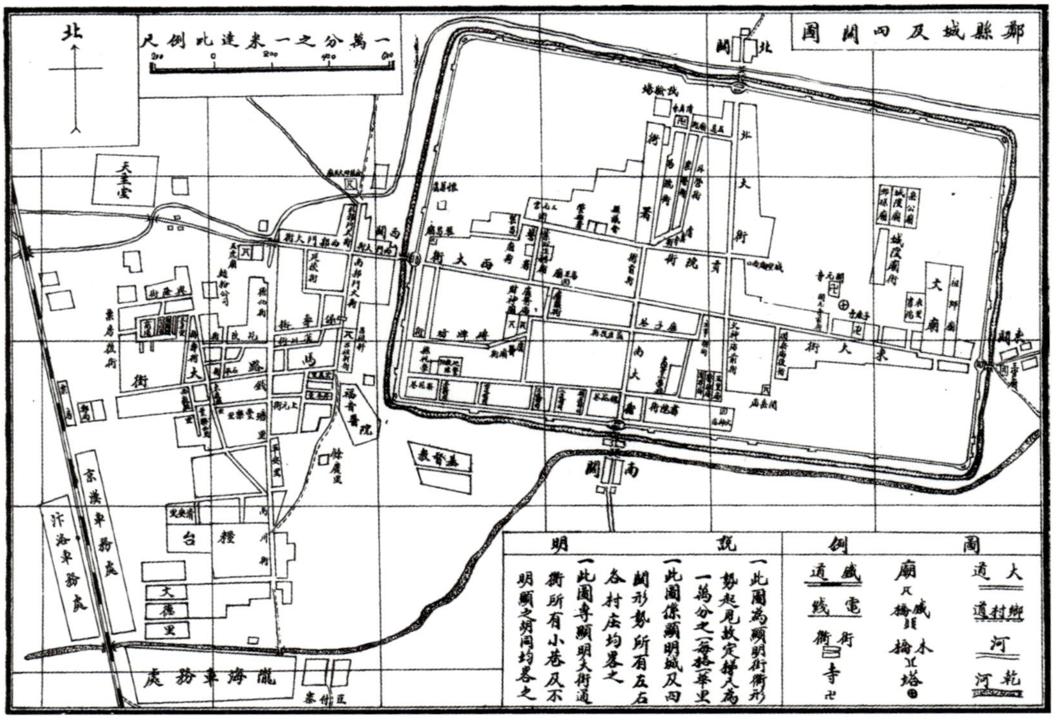


民国《郑县志》中的东大街位置示意图

1949年，辖区属郑州市第一区第二派出所。

1951年，辖区属郑州市第一区东大街街政府。

1955年10月，郑州市第一区更名郑州市陇海区，辖区改属陇海区东大街街政府。

1956年2月，改街政府为街道办事处，辖区改属陇海区东大街办事处。

1958年8月，郑州市成立郑州管城区，辖区改属管城区东大街办事处；9月，管城区所辖的10个街道办事处合并为5个人民公社，辖区改属管城区东大街人民公社。

1961年7月，辖区属东大街办事处。

1966年，管城区更名为向阳区，1981年改称向阳回族区，1983年更名为管城回族区，行政建制不变，辖区属东大街办事处。

1988年10月，东大街办事处并入城东路街道办事处，辖区属城东路街道办事处。

2000年4月，根据城市发展需要，管城回族区5个街道办事处增加为8个，新增加东大街、西大街和紫荆山南路街道办事处。辖区属东大街街道办事处。

## 区　划

1951年，辖区属郑州市第一区东大街街政府，所辖北大街、清真寺街、市府前街（管城街）、法院东街等10条自然街。

1958年，东大街人民公社下辖黄委会、北工人新村、北大街、清真寺街、管城街、东关东里、东关北里、东大街东段、东大街西段、书院街、博爱街共11个居民委员会。

1988年，东大街办事处辖塔湾、东大街东段、东大街西段、东大街中段、南大街南段、南大街北段、鼎新街、书院街、唐子巷、革新街（今博爱街）共10个居民委员会。

2000年初，城东路街道办事处原辖的东关南里、东大街东段、向阳街、塔湾、东大街西段、鼎新街、书院街、唐子巷、东关东里、东关北里、博爱街等共11个居民委员会划归东大街街道办事处。

2000年4月至2001年5月，街道辖东关南里、东关东里、东大街东段、塔湾、职工路、红领巾街、唐子巷、博爱街、东大街西段、鼎新街、书院街、南大街、向阳街、南关街北段共14个居委会。

2001年6月，街道所辖14个居委会整合成5个社区，即东关南里社区、塔湾社区、博爱街社区、鼎新街社区和城南路社区。

2003 年，街道辖鼎新街社区、东关南里社区、博爱街社区、塔湾社区、城南路社区。

2018 年，街道辖东关南里、塔湾、博爱街、鼎新街、城南路和商城里 6 个社区和书院街 1 个行政村。

## 社　区

**塔湾社区**　塔湾社区东至商城遗址城墙，西至紫荆山路，南至东大街，北至商城路，面积 0.35 平方千米。

社区现辖 20 个成型楼院，其中有 5 个物业公司管理楼院，2 个单位自管楼院，其余 13 个为无主管楼院。主要公共单位有郑州市第一人民医院、管城回族区国税局、郑州文庙。社区常住人口 2534 户 5326 人。

社区办公地点位于法院东街 1 号，社区党建阵地面积 245 平方米，其中自有面积 130 平方米，共建面积 115 平方米，建设时间为 2000 年，社区现有 98 名党员，共分为 2 个党小组。

**商城里社区**　商城里社区位于紫荆山路以东，东大街商代城墙以西，东大街以南，城南路商代城墙以北，面积 0.22 平方千米。社区主要公共单位有郑州市邮政局。社区常住户 1318 户。

塔湾社区

商城里、博爱街社区　马健　摄

社区现有党员 76 人，其中离退休党员 55 人。社区位于正在建设的商都历史文化区范围内。

**博爱街社区**　博爱街社区东至紫荆山路，西至南大街，南至商代遗址，北至东大街，面积 0.48 平方千米。社区现辖东大街 39 号、裕鸿花园、小浪底家属院、佳苑小区、紫域云庭等 5 个成型楼院。社区户籍人口共 1300 户 4231 人。

社区现有党员 114 人，其中退休党员 64 人。

**东关南里社区**　东关南里社区东至郑汴路 28 号，西至东大街商代遗址，南至城南路（以熊耳河为界），北至东关北里，面积 0.23 平方千米。社区现辖 19 个成型楼院，44 栋住宅楼，户籍人数共 2030 户 4646 人。

社区办公地点位于郑汴路 26 号，现有党员 86 人。

社区党群服务中心共 3 层楼 1540 平方米，包含党建展示区、日常办公区、党群服务区三大区域，其中除了办事大厅、展厅、综治中心外，还设置了会议室、舞蹈室、社工办公室、消防体验室、棋牌室、书画室、妇女儿童之家、四点半课堂、居民活动中心、人大、政协之家、民调室等 14 个功能活动室。

东关南里社区街巷——东关东里　马健　摄

党群服务中心利用“互联网+”，安装投影仪、电子屏，建设微网站等方式，提供“非遗”文化传承学习、志愿者服务、图书阅览、四点半课堂、心理咨询等 17 类服务。

**鼎新街社区**　鼎新街社区东至紫荆山路，西至南大街，南至商代遗址，北至书院街，面积 0.25 平方千米。社区现辖紫域云庭、佳苑小区 2 个成型楼院，6 栋住宅楼，主要公共单位有创新街小学。社区常住人口共 742 户 2203 人。社区办公地点位于紫荆山路 76 号。

2009 年，鼎新街社区被郑州市妇联评为“三八”红旗集体；2010 年，被全国妇联、民政部、文化部、环境保护部、国家广电总局评为“全国创建学习型家庭示范社区”；2011 年，被郑州市委评为“先进基层党组织”。

成立于 2016 年的社区博爱之声合唱团先后被区精神文明建设指导委员会、区志愿者联合会评为“学雷锋”志愿服务团队，被街道办事处评为“优秀志愿者服务队”；社区老年秧歌队在 2006 年郑州市妇联组织的秧歌大赛中获得一等奖，2007 在全国妇联、国家体育总局联合组织的全国亿万妇女健身活动中获得“巾帼文明健身队”称号；社区巾帼志愿服务队 2012 年被郑州市妇联评为“慈孝先进集体”。

**城南路社区**　城南路社区东起城南路熊耳河桥，西至南关街熊耳河桥，北起城南路城墙，南到熊耳河，原来是南关北段居委会，从 2000 年改为东大街街道办事处城南路社区，

城南路社区　马健　摄

面积 0.57 平方千米。社区现辖 18 个成型楼院，47 栋住宅楼。社区常住人口共 1900 户 4543 人，沿街门店 189 家。

社区办公地点位于城南路 179 附 6 号熊耳河畔，办公面积 1150 平方米，社区有 5 个文体团队：原野组合志愿者服务队、商城红歌志愿者服务队、墨缘书画苑志愿者服务队、瑜伽队志愿者服务队、欣乐艺术团志愿者服务队。

社区党支部建立以“服务你的 365 天”为主题的党建品牌。“3”是“站、网、台”三级联动，即社区党建工作站，社区党建网格化和以“一征三议两公开”工作法、矛盾调处机制为抓手的“民情议事平台”。“6”即六个“平台”：党旗驿站、岗位驿站、爱心驿站、绿色驿站、敬老爱幼驿站、文化驿站。“5”即“五员”志愿者：社区管理的服务员、社情民意的信息员、扶贫帮困的解忧员、邻里纠纷的调解员、精神文明的引导员。

## 行政村

**书院街村**　书院街村村民居住分散，南至金城街，北至东大街，东至未来路，西至顺城街。

书院街村是随着政府机构名称的变更而成为管城回族区的一个行政村。

20 世纪 50 年代初，城市中的零星农户组成书院街大队。1955 年年底，郑州市管城区合作社设立，由 5 个分社组成，书院街为其中第二分社。1957 年第二分社、第三分社合并成书院街大队，下设有 6 个生产队。1958 年，又分为两个农业部：西大街公社农业部和红旗公社农业部，书院街属于红旗公社农业部。

60 年代，书院街更名为红光东街，书院街大队随之更名为红光东街大队。

80 年代，书院街复名，大队变为村，称书院街村至今。书院街村由老城区内的零星农户合并而成，其中包括书院街、南大街、南学街、东大街西段、博爱街、唐子巷等。

80 年代以后，归管城回族区东城乡管辖。

2003 年，东城乡撤乡，根据属地管理原则，划归东大街街道办事处管辖至今。

# 区 位

## 自然地理

**区 位** 东大街街道地处郑州市管城回族区中部，位于北纬 24°28′，东经 119°28′。

**气 候** 辖区属北温带和亚热带的过渡带，属半干旱大陆性季风气候，四季分明，日照时间长，热量充足，自然降水偏少。其特点是：春旱多风，冷暖无常；夏炎多雨，水热同期；秋凉晴爽，日照充足；冬寒干燥，多风少雪。

辖区气温全年变化虽大，但总体比较温和，年平均气温在 13.3 ~ 14 ℃。一年最冷和最热的时间均不太长，都在一个

熊耳河 马健 摄

多月。一年中最冷天气出现在 1 月，最低气温为 -15℃；最高气温出现在 7 月，一般为 31 ~ 38℃。最高、最低气温相差 53℃。

辖区无霜期时间较长，全年为 227 天。初霜期在每年 11 月 11 日左右，终霜期在次年 3 月 28 日左右。

**地 形** 地势由西南向东北倾斜，约成 2% 的坡度，海拔为 100 ~ 140 米。

**水 文** 熊耳河由西南向东贯穿辖区。2002 年 5 月，郑州市政府对熊耳河进行了综合治理，整治后的熊耳河两岸高楼林立，绿树成行，成为两岸居民休憩的场所。

## 交通地理

辖区距郑州火车站、郑州长途汽车中心站约 3.5 千米，距郑州东站约 12 千米，距郑州汽车客运总站约 2.5 千米，距陇海汽车站约 1.9 千米。

辖区交通便利，东大街、西大街、城南路东西干道与紫荆山路、城东路、职工路南北干道纵横交错呈“十”字形，形成辖区交通网络；地铁 2 号线、地铁 3 号线（正在筹建期）及 40 多条公交线路途经辖区，群众出行方便。

地铁 2 号线东大街站 马健 摄

建设中的郑州商都历史文化区　马健　摄

## 政治地理

东大街街道办事处位于郑州市管城回族区的中部，管城区黄金十字架中心区域。郑州商都历史文化区启动后，将按照“一心、两轴、三街、四区”勾勒态势，打造出一个集历史、文化、创意、艺术、科技等元素于一体的世界商都文化创意旅游示范区，其中，东大街就是文化区建设的核心区。

## 经济地理

郑州东西大街，历史上就是商业街，早在20世纪二三十年代，辖区南大街、东大街一带是药行药栈集聚地，从1931年起，辖区塔湾和东大街一带开始举办“郑州药材骡马大会”，每逢会期，全国药商云集、交易活跃。

21世纪初，东西大街拓宽，紫荆山路开通，辖区内的裕鸿大厦、邮政大楼建成后，楼宇经济得以发展，而随着中原珠宝城、乾昌珠宝、河南金多银多珠宝有限公司在辖区内开业，黄金珠宝经济成为辖区特色经济。

# 居 民

## 人口总量

2000 年，第五次全国人口普查，辖区总人口为 23781 人。

2005 年，辖区总人口为 24185 人。

2010 年，辖区共有 16141 户 36698 人。

2016 年，辖区总人口为 27232 人，其中常住人口 18561 人，流动人口 8671 人。

2017 年，辖区总人口为 15655 人，其中常住人口 12242 人，流动人口 3413 人。

2018 年，辖区总人口为 14949 人，其中常住人口 11897 人，流动人口 3052 人。

## 人口构成

20 世纪 60—70 年代，辖区人口结构由年轻型转为成年型。

80 年代，辖区人口出生率下降，老年人人口比例明显上升。

90 年代，辖区人口结构转为老年型。

2000 年第五次全国人口普查，辖区总人口为 23781 人，其中男 12265 人，女 11516 人，性别比为 106.5 ： 100。

2003 年，辖区 15 岁以下儿童 3593 人，约占全辖区人口的 15.10%；15~50 岁的 1562 人，约占全辖区人口的 65.70%；50 岁以上的 4548 人，约占全辖区人口的 19.12%；90 岁以上的 25 人，约占全辖区人口的 0.1%。辖区高中、中专、大专、本科、研究生学历者分别为 4729 人、1874 人、3595 人、824、46 人。

2005 年，辖区总人口为 24185 人，其中男 11854 人，女 12331 人，性别比为 96.13 ： 100。

2016 年，辖区常住人口 18561 人，其中女 9410 人，男 9151 人；流动人口 8671 人，其中女 4396 人，男 4275 人。

2017 年，辖区常住人口 12242 人，其中女 6206 人，男 6036 人；流动人口 3413 人，其中女 1730 人，男 1683 人。

2018 年，辖区常住人口 11897 人，其中女 6031 人，男 5866 人；流动人口 3052 人，其中女 1557 人，男 1495 人。

### 民族构成

2005 年，辖区有 11 个民族，其中，汉族 22784 人，回族 1522 人，满族 53 人，蒙古族 14 人、壮族 10 人、苗族 4 人、土家族 3 人、侗族 2 人、黎族 3 人、布依族 2 人、朝鲜族 2 人。

## 居民生活

### 衣

昔日的管城回族区，贫富差距较大，人们衣着也大有区别。清末一般人多穿土布衣服，颜色单调，主要以蓝、灰、黑为主。冬季穿粗布大棉袄，讲究的人，外罩一件大褂，下身穿大腰棉裤。老年妇女普遍着宽袖，大襟齐膝的棉袄或布衫，下穿大腰裤，黑带扎腿，头束篡网，顶包头。中年妇女不扎腿不包头，喜戴银首饰，穿绣花鞋，男青年多穿对襟上衣。一些上流人物如富商、学者，多着丝绸长袍马褂，头戴黑、灰、褐色毡帽（俗称礼帽）。农民多戴帽头或帽垫，上缀一圆形玻璃球，一般市民、小商贩，冬天戴马虎帽或布缝的风帽。

辛亥革命后，政界、学界人士改穿制服，中山装成为时装。一般人仍穿便服，衣料由土布逐渐改为细布，俗称平布，也叫“洋布”，城乡穿着“土”“洋”分明。

中华人民共和国成立初期，由于经济发展和物质条件的制约，服饰主要以简朴和实用为特点。20 世纪 50 年代，人们根据中山装和列宁装的特点设计出“人民装”。由于当时干部爱穿中山装和列宁装，所以“人民装”也叫“干部服”。

60 年代初，人们对服饰的要求是结实耐穿。在色彩的选择上偏向耐脏耐洗的颜色，蓝、灰、黑成为服饰的主要颜色。

70 年代末，改革开放后，服装的花色、款式更加多样化，面料种类、质地也发生了很大的变化。西服、喇叭裤、T 恤衫、牛仔衣、牛仔裤、风衣、超短裙、运动服、皮装、羽绒服等服装流行起来。

从 80 年代中后期开始，女性服饰开始向时装化发展，男装也开始从西装向休闲装转变。进入 21 世纪，服装款式日益个性化、品牌化、高档化，流行风格也向多元化发展，年轻人注重服装的新潮与时髦，中年人注重服装的质地、款式与舒适度。

## 食

中华人民共和国成立前，穷苦人家多用玉米加工成黄窝窝，高粱面做成黑窝窝为主食。平时能吃到粗细掺半的花卷馍也为数不多，很少吃净白面馍。富裕人家主食花样较多，有烙馍、煎饼、捞面、炸酱面等。

副食多是蔬菜，一般人家冬吃白菜、萝卜，夏吃黄瓜、豆角、辣椒、茄子。平时很少吃到肉食、蛋禽、鱼虾。居民有晒干菜、腌咸菜、做酱菜的习惯。每逢蔬菜旺季，几乎家家户户都要晒干豆角、萝卜干，加工韭花、雪里蕻、糖蒜，制作西瓜酱、甜面酱等，以备青黄不接时食用。这种良好的风气一直延续至今。过去富裕人家还要制作腊肉、香肠等食品。

管城人民有重视节日饮食的习俗。每逢过年过节，一般都要买肉包饺子，或蒸白面馍、油馍，改善生活。富有人家还要大摆宴席，请年酒。

中华人民共和国成立之后，城乡人民饮食结构有了很大变化，城乡居民多以白面、大米为主食，副食除普通品种外，精细菜不断增多，鸡、鸭、鱼、肉、蛋之类的副食品也开始成为一般市民的“家常便饭”。

21 世纪以后，市场上的蔬菜、水果、肉、蛋、奶等物资供应充足。在饮食上，人们讲究营养均衡、荤素搭配，不再一味追求吃饱，而是追求吃好，更加注重食品的安全和质量。除了自己做饭和去饭店吃饭以外，外卖服务发展迅速，人们足不出户就可以吃到自己想吃的食物。

## 住

中华人民共和国成立前，辖区人民把修房盖房视为一项传世家业。一般人家节衣缩食，积攒半生，才能盖一所新房。有钱人家，不惜重金修造深宅大院，光耀门庭。

过去，民间盖房多请人帮忙，只要主人打声招呼，泥瓦工、木工、杂工自带工具，主动帮忙，不计报酬，盖房主只需请大家吃顿饭。

中华人民共和国成立后，城乡人民居住条

东大街街道老照片之一

东大街街道老照片之二　孙钢军　摄

东大街街道老照片之三

件得到很大改善，盖房早已突破陈旧观念，讲坚固、讲宽敞、讲美观、讲明亮、讲方便、讲卫生。

解放后，郑州市政府从商城遗址向东修建了商城路，并沿路修建、设立单位及居民区，居民居住条件大大改善。20 世纪 80 年代，辖区居民所居住的多为按政策分配的公有房屋，一般楼高 3 ~ 5 层，建筑面积 50 ~ 60 平方米，城区居民居住的多为自建房屋，条件较差，普遍拥挤。90 年代开始，各系统单位自筹资金或集资建设家属住房，户型面积逐年扩大，环境条件逐步改善，装修质量逐步升级。

90 年代中后期，房地产开发商开始兴建适合不同阶层居住的小区，并注重商品房建设的规模、环境、品牌及水、电、气、暖、卫等配套设施，城市居民住房条件和居住质量得到明显改善。

20 世纪 90 年代末至 21 世纪初，商品房建设物业形态由多层向高层、别墅发展，建筑面积由“温饱型”向宽松、舒适的“享受型”延伸。城区居民房屋装修用品的档次越来越高，木地板、高档油漆等进入普通百姓家庭。

### 行

历史上的管城道路狭窄，交通工具落后，人们出行极不方便。直到清朝末年及民国初年，一些富裕人家以轿子、马车作为代步工具。一般群众则沿用原始的手推独轮车，或用牲畜拉动的两轮车、四轮车，既笨重又缓慢。早年，老城区的东门、南门和北门外，有专以赶毛驴为职业的人，称为“赶脚夫”或“赶毛驴的”，为行商或行人提供便利。20 世纪二三十年代，郑州兴起人力车，称“洋车”。其时，脚踏车也开始出现在街头，骑乘方便，但为数很少。大多数群众走亲访友仍靠步行，或骑驴，或坐马牛车。农民进城买卖，都是一条扁担两个筐，后改用架子车，但仍主要靠走路。

中华人民共和国成立后，交通工具不断改进。过去一些陈旧落后的代步工具逐渐被淘汰，自行车成为人们的主要代步工具，靠人拉的人力车为轻快的机动三轮车所代替。

80 年代起，不少家庭开始购置摩托车。90 年代，有些家庭已开始购置小汽车。进入 21 世纪后，公交线路不断增多和优化，逐步覆盖了整个辖区，并且新增加了快速公交、夜间公交;地铁的开通，缓减了路面的交通拥挤状况。辖区居民近距离出行除乘坐公交、地铁外，另有不少人骑电动助力车、共享单车；远距离出行有火车、高铁、长途汽车、飞机等可供选择。

## 社会保障

### 救济救灾

2008 年，向汶川灾区人民捐款近 83 万元，捐赠价值 55 万元衣物；在郑州市慈善日活动中，捐款 7.54 万元。

2009年，在金秋爱心助学活动中，资助28名困难大学生，发放资助款4.2万元；联合郑州市第三人民医院，对辖区240多名居民进行了白内障筛查，筛查出38名白内障患者并接受免费手术。

2010年，全年救助各类遇困人员20人次；春节期间为131户低保家庭发放了131套保暖衣和26200元消费券。

2011年，成立郑州市第一家"365党员服务中心·爱心超市"，辖区的1名老红军、3名中华人民共和国成立前的老党员、37名50年以上党龄老党员、25名生活困难党员领取爱心购物基金3万元。

同年，为25户残疾家庭发放"阳光家园"计划补助12500元，为11名低保家庭精神病患者发放12000元的救助，为5名困难残疾人、"三无"残疾人发放5000元救助，为2名残疾儿童发放了书包和慰问金各500元，为6名特困下肢残疾人发放了轮椅，为5人申请了精神病患者免费服药项目，1名残疾人在医院得到全面免费治疗，为辖区23户听力残疾人赠送了闪光门铃。

2012年，春节期间救助困难家庭456户，发放大米790袋、面粉790袋、油790桶、棉被180床，慰问金5.9万多元。全年共募集社会慈善款15.52万余元。

2013年，全年为611户困难家庭实施了救助慰问，慰问金达13.92万元；为16名符合条件的孤寡、高龄独居老人配备了具有GPS定位功能的"一键通"呼叫手机。通过"365党员服务中心·爱心超市"，投入4万元爱心基金对辖区老红军、老党员和生活困难党员进行帮扶。

2014年，全年共募集社会慈善款23.84万余元，为11名重大疾病特困居民发放医疗救助资金7.5万元；为35名困难低保户发放救助金57.2万元；救助艾滋病患者7人，"孤老"5人。春节期间为611户困难家庭发放慰问金13.92万余元，慰问品：644桶油、654袋米、525袋面、12床被子、8件饮料。

2015年，全年共募集社会慈善款15.85万元，对3名来自低保、低收入家庭的大学生发放救助金1.6万元，对8名困难人员重大疾病救助1.6万元。春节期间为526户困难家庭发放慰问金7.02万余元。

2016年，采取集中救助与临时救助相结合的方式，共筹集各类民政救助资金500余万元，救济6000余人次。春节期间为589户困难家庭发放慰问金11.6万余元，慰问品：850桶油、850袋米、850袋面、26箱挂面、81箱饮料、17床被子、81箱鸡蛋、10箱水果。

在“生命·阳光”重大疾病慈善救助活动中，为 17 户重病家庭发放 5.1 万元慰问金和价值 4300 元的慰问品。

2017 年，春节期间为 590 户困难家庭发放慰问品及慰问金合计 6.29 万元，发放重大疾病救助金 1.8 万元。在“郑州慈善日”活动中，募集善款 19.64 万元。为 12 户重度残疾人家庭申请托养服务，13 名低保家庭精神病患者发放医疗救助 1.44 万元；为 108 名残疾人申请护理补贴 12.96 万元，为 28 名重度残疾人申请特殊生活补贴 20.16 万元。

2018 年，慰问困难家庭 522 户，发放慰问金、慰问品合计 16 万元；救助低保家庭及重病群众 69 人，发放医疗救助金 13.15 万元；开展慈善日捐款献爱心活动，共募集善款 13.025 万元。为辖区 109 名残疾人申请护理补贴 13.716 万元、33 名非低保重度和精神、智力三级残疾人申请特殊生活补贴 24.948 万元。

## 低保扶贫

2008 年，为 181 户 398 人发放低保金 69 万余元；为 73 户 204 人办理了郑州市低收入家庭廉租住房手续。

2009 年，为 141 户 304 人发放低保金 58.47 万余元；在国庆期间，为 825 户优抚对象、低保、低收入家庭各发放价值 300 元的物品。为 251 户（包括低保户 70 户）665 人办理了郑州市低收入家庭廉租住房手续。

2010 年，为 130 户 272 人发放低保金 61.42 万余元。

2011 年，为 121 户 244 人发放低保金 71.46 万余元；节假日期间，投入 4.9 万元，为 160 户特困家庭发放大米、面粉、油等慰问品。为 301 户申请了廉租住房补贴，为 341 户申报经济适用住房，发放医疗救助资金 21692.5 元。

2012 年，为 99 户 173 人发放低保金 78.32 万余元。为 159 人发放了低收入廉租住房补贴，为 1056 人办理了经济适用房保障申请。

2013 年，为 94 户 148 人发放低保金 80 余万元；为 97 户 291 人申请了低保金；为 141 户 423 人发放了低收入廉租住房补贴；为 408 户 1056 人办理了经济适用住房保障申请。

2014 年，为 90 户 132 人发放低保金 66.7 万余元。

2015 年，为 84 户 123 人发放低保金 60.2 万余元。

2016 年，为 76 户 112 人发放低保金 59.64 万余元。

2017 年，为 62 户 91 人发放低保金 61.67 万余元。

2018 年，为 63 户 86 人发放低保金 60.29 万余元。

2019 年上半年，为 60 户 78 人发放低保金 28.17 万余元。

## 社会保险

2008 年，累计完成参保缴费人数 300 人，其中 60 周岁以下的 145 人，60 周岁以上的 155 人。

2010 年，为辖区居民办理医保卡 406 张。

2014 年，全年动员居民养老保险征缴和续费共 457 人，采集居民社会保障卡数据 949 人。

2015 年，居民养老保险征缴和续费共 487 人。

2016 年，居民养老保险新增参保和续费 328 人，对 3985 张医保卡进行分批次置换。

2017 年，居民养老保险征缴和续费共 427 人。

2018 年，城乡居民养老保险健康认证 527 人，居民养老保险新增参保和续费共 394 人，为辖区居民办理医保卡 1116 张。

东关南里社区办事大厅

## 就业服务

2003年3月，成立街道劳动保障事务所和5个社区劳动保障工作站，以增加就业岗位为目标，以落实再就业政策为主线，以强化就业服务为手段，以帮助困难人员再就业为重点，改善就业环境，创造就业条件，开发就业岗位，强化就业培训，提供就业服务。

2003年3月至2006年6月，街道办理了1788本再就业优惠证，组织再就业技能培训30多次，大型招聘会6场。

2008年，实现就业和再就业1044人，其中下岗失业人员再就业639人，“4050”人员再就业90人，持再就业优惠证就业人员183人，公益性岗位就业48人。

2009年，组织百余名下岗失业人员参加免费技能培训，动员13名有创业意愿的下岗失业人员参加免费创业培训。实现就业和再就业千余人。

2011年，组织专场招聘会1次，帮助就业困难人员实现就业24人，其中女性就业困难人员实现就业11人。帮助16人申请了小额担保贷款，带动22人就业。动员117人赴深圳、烟台等地实现就业。

2012年，新增就业1185人，其中下岗失业人员再就业270人，就业困难对象再就业100人，再就业培训240人，零就业家庭动态为零，城镇登记失业率控制在3.8%。

2014年，以招聘会和政策宣传服务队进社区的方式，使尽可能多的居民了解掌握就业优惠政策，全年新增就业1937人，其中下岗失业人员再就业440人，就业困难对象就业85人，创业培训58人，劳动技能培训44人，动员18人到富士康科技集团郑州厂区工作。采集688家用人单位基本信息，建立用工单位电子档案，为67家符合条件的企业建立了诚信档案，为450名外来务工人员建立档案。

2015年，城镇新增就业1854人，其中下岗失业人员再就业514人，就业困难对象就业85人，组织64人参加创业培训。为103家符合条件的企业建立了诚信档案、为503名外来务工人员建立档案。

2016年，城镇新增就业1584人，其中下岗失业人员再就业435人，就业困难对象就业130人，创业培训64人；收集用工单位信息398家。

2017年，城镇新增就业1617人，其中下岗失业人员再就业433人，就业困难对象就业122人，技能培训25人，创业培训97人。

2018年，城镇新增就业995人，其中下岗失业人员再就业208人，就业困难人员就业76人。

## 离退休管理

2003年，东大街街道办事处成立离退休人员社会化管理服务所，所属5个社区分别成立了退管站，基层楼院建立了70多个退休人员自管小组，构建了从区、街道、社区、自管小组四级管理服务网络，承担起辖区企事业单位离退休人员社会化管理服务工作。

2009年，辖区社会化管理服务的企业离退休人员2528人，“六类”特殊人员531人。

2014年，慰问企业离退休人员76人次。其中，春节期间慰问特困家庭31人、“五一”慰问劳动模范16人、“七一”慰问党员6人、重阳节慰问90岁以上老人16人、慰问大病患者5人。开展了“红色戏曲擂台赛”，受到了广大离退休人员的欢迎。成立东大街街道办事处商城里社区文化交流书画社，为辖区离退休人员提供书画交流平台。

2015年，慰问企业离退休人员60人次，其中春节慰问特困家庭24人、“五一”慰问劳动模范1人、“七一”慰问党员10人、重阳节慰问90岁以上老人19人、吊唁慰问4人。5月，街道组织两支离退休人员队伍参加管城回族区离退休管理中心举办的老年门球比赛，获得第三名。

2016年，慰问企业离退休人员67人，组织离退休人员参加迎国庆及长征胜利80周年大合唱比赛。

2017年，慰问企业离退休人员90人次，其中春节慰问特困家庭26人、“五一”慰问劳动模范1人、“七一”慰问党员10人、重阳节慰问90岁以上老人19人、吊唁慰问8人。11月24日，组织4支离退休人员队伍参加管城区离退休管理中心举办的广场舞比赛，获得第一名和第三名。

2018年，慰问企业离退休人员99人次，其中春节慰问特困家庭32人、“五一”慰问劳动模范1人、“七一”慰问党员22人、重阳节慰问90岁以上老人28人、慰问伤残孤寡老人7人、吊唁慰问8人。

慰问离退休人员

在郑州市高龄补贴发放工作中，为辖区 848 名 80 岁以上老人办理高龄补贴，全年累计发放补贴 89.1 万元。

# 党建政事

## 街道党工委

2000 年 3 月 25 日，根据中共郑州市管城回族区委员会管文〔2000〕22 号文件，调整组建城市街道办事处，建立健全街道党的组织，经研究，决定设立中国共产党郑州市管城回族区东大街街道委员会。是年，街道党工委下设 15 个党支部，其中居民区党支部 14 个，居民区党员 184 人，流动人口党员 26 人。

2001 年，社区整合，街道党工委成立社区党支部，原来的居民区党支部转换成 14 个党小组。辖区有公共单位 28 家，其中建有党组织的 18 个，有党委 5 个，党总支 2 个，党支部 11 个，共有党员 989 人。

塔湾社区党支部组织老党员开展“喜迎七一　向党献礼”文艺汇演活动

东关南里社区党群服务中心 马健 摄

2008 年，街道预备党员 4 名，转正预备党员 4 名。在“七一”基层党建表彰会上，城南路社区党支部被评为市级五好基层党组织，商城里社区党支部和塔湾社区党支部被评为区级先进基层党组织。

2014 年，东大街街道以晨起课堂、红色课堂、阳光课堂、空中课堂等“六个课堂”为载体，强化业务培训；组织党员干部到郑州烈士陵园、兰考焦裕禄纪念园、管城回族区党史馆、河南省廉政教育基地开展参观学习活动；开展党的群众路线教育实践活动知识竞赛；组织青年干部开展“激扬青春 你我同在”演讲比赛；举办红色戏曲擂台赛、唱红歌等活动。

2015 年，东大街街道党工委下辖 17 个基层党组织，其中 1 个机关党支部，4 个社区党支部，1 个村党支部，11 个“两新”（新经济组织和新社会组织）党组织。街道党组织在 4 个社区建立了居民“一刻钟服务圈”；组织开展“三严三实”专题教育，开展“社区建设提升年”活动；在社区组织成立了党员志愿者服务队和文体服务队；顺利满完成社区党组织换届选举工作。

2016 年，开展“基层党建提升年”活动，对基层党组织设置、换届选举、场所利用、经费使用和党建制度等进行规范；在党员干部中开展“学党章党规、学系列讲话，做合格党员”学习教育；组织党员干部走进小浪底爱国主义教育基地、市文化馆“信念的力量”革命文物展参观学习；开展“党员先锋行”“承诺践诺服务”“亮身份、树形象、做表率”等系列志愿服务活动。

2017 年，街道开展“基层党建规范年”活动，组织辖区 270 余名党员分批参加管城回族区“万名党员进党校”培训活动；利用“党建 + 网络”推送“两学一做”学习内容 54 期；利用社区课堂、科普大学等开展集中学习 30 余次；开展党员先进典型结对帮带、争创党员先锋示范岗等活动；街道以党员志愿者服务站为依托，整合辖区 14 个党员志愿者服务队和文体志愿者服务队，引导辖区公共单位和非公组织、社会组织开展志愿服务；相继开展“践行雷锋精神”“助力双迎攻坚”“传承家风美德”和“文化惠民共建和谐社区”等系列志愿服务活动 46 次，参与 1000 余人次。

2018 年，街道党工委下辖 1 个机关党支部，4 个社区党支部，1 个村党支部，6 个非

东大街办事处国庆 70 周年“万人唱国歌”活动

城南路社区党支部“不忘初心、牢记使命”暨喜迎建党98周年学习教育活动

公党支部，3个社会组织党支部，有自管党员650名。是年，街道开展“万名党员进党校”培训班；编印《基层党建应知应会知识手册》500本，向辖区党员发放，做到人手一册，促使基层党员干部随时看、随时学；开展“逐社区观摩”4次，集中调阅“三会一课”记录6次；开展“十九大精神学习宣传服务月”“不忘初心、牢记使命”“学党务、学法规、做先锋”等主题党日活动共57次，参与2000人次。

## 街道办事处

1953年设东大街街政府，下设10条自然街，1956年2月，区政府将原街政府改为街道办事处，1958年8月管城区政府下辖10个办事处，东大街为其中之一，1961年7月增设东大街办事处，1984年10月东大街办事处并入城东路办事处，2000年4月设立东大街街道办事处。

东大街街道办事处是管城回族区政府的派出机构，在辖区内行使政府的职能。

## 人大工委、政协工委

**人大工委** 2000年，成立东大街街道人大工作委员会（简称“人大工委”）。

街道人大工委主要工作是保证宪法、法律、法规和区人民代表大会及其常务委员会的决议、决定在本行政区域内的遵守和执行；对区人民政府派出机构和设置在本辖区的垂直部门派出机构的工作进行监督；组织代表协助区人民政府及街道、社区推行工作；负责联系本辖区区人大代表，组织代表活动、视察；提供研究，咨询服务；在区人民代表大会闭会期间，根据区人大常委会的工作要点，制定街道人大工作委员会工作计划并组织实施；加强街道人大工作委员会的自身建设，提高街道人大工作委员会建设水平和业务工作能力；宣传人民代表大会制度和人大代表先进事迹；承办区人大常委会交办的工作事项。

**政协工委** 2000年，成立东大街街道政协联络工作委员会（简称“政协工委”）。政协工委负责组织辖区政协委员参加中原区政治协商会议，在闭会期间组织政协委员开展学习、调研、咨询服务等活动，履行委员职责，促进政治协商、民主监督制度建设。

## 群团组织

**工　会** 2000年7月，东大街街道办事处工会委员会成立。2001年7月，东大街工会联合委员会成立。随后在各社区成立工会联合委员会，建立了商户活动室、棋牌室、乒乓球室、健身室。工会委员会在管城回族区总工会和街道党工委的领导下，以提高工会工作能力为重点，紧紧围绕工会工作全局，把加强基层工会工作作为重点，以开展各类活动为载体，不断加强街道社区工会组织建设，积极开展对职工的业务素质和职业道德教育培训，维护职工的合法权益。街道工会工作开展得丰富扎实，真正成为职工之家。历年来先后获得“市级示范乡镇（街道）工会”“区级先进集体”等称号。

**共青团** 2000年4月，成立共青团管城回族区东大街街道工作委员会（以下简称“共青团委”）。共青团委坚持“党建带团建”的工作原则，在所辖的各社区分别设立团支部即鼎新街社区团支部、城南路社区团支部、南里社区团支部、博爱街社区团支部、塔湾社区团支部，建立流动团员管理站，健全流动团员管理制度与档案，建立流动的团员双向联系卡，定期组织辖区青少年进行爱国主义、集体主义教育，扩大团组织覆盖面，增强团组织的凝聚力。

**妇　联** 2000年4月，东大街妇女联合会（以下简称“街道妇联”）成立。街道妇联在党工委的领导下和上级妇联指导下，依照妇联章程开展工作，在各社区成立社区妇女工作站，建立巾帼志愿者服务队，为妇女提供帮助。

**残　联** 2000年4月，东大街街道办事处残疾人联合会（以下简称“街道残联”）成立。

街道残联在党工委的领导下和上级残联指导下，加强残疾人工作组织建设，开展残疾人服务活动，从改善残疾人基本生活环境、维护残疾人权益，提高为残疾人服务的质量着手，以解决残疾人的基本生活需求为主，动员和依靠社区志愿服务者开展扶残、助残活动，为残疾人谋福利，使残疾人的基本问题得到解决。

**东大街街道 2013 — 2018 年所获部分荣誉**

| 奖　项 | 发奖单位 | 时间 |
| --- | --- | --- |
| 河南省 2012 年度群众满意基层站所 | 河南省人民政府纠风办公室 | 2013 |
| 2012 年度郑州市爱国卫生杯竞赛活动铜杯 | 郑州市人民政府办公厅 | 2013 |
| 2012 年度郑州市消防工作先进单位 | 郑州市防火安全委员会 | 2013 |
| 2013 年度爱国卫生杯竞赛活动先进单位 | 管城回族区人民政府 | 2014 |
| 2013 年度城市管理整治提升活动先进单位 | 管城回族区人民政府 | 2014 |
| 2013 年度文物保护工作先进单位 | 管城回族区人民政府 | 2014 |
| 2013 年度安全生产工作先进单位 | 管城回族区人民政府 | 2014 |
| 2013 年度消防工作基层防控工作先进社区 | 管城回族区人民政府 | 2014 |
| 2013 年度爱国卫生工作红旗单位 | 管城回族区人民政府 | 2014 |
| 郑州市“妇女之家”建设示范点 | 郑州市妇女联合会 | 2015 |
| 2014 年度完成环境保护目标优秀单位 | 管城回族区人民政府 | 2015 |
| 2014 年度安全生产工作先进单位 | 管城回族区人民政府 | 2015 |
| 2014 年度爱国卫生工作先进集体 | 郑州市人力资源和社会保障局 | 2015 |
| 市级文明单位 | 中共郑州市委、郑州市人民政府 | 2015 |
| 2015 年度全市消防工作先进单位 | 郑州市防火安全委员会 | 2016 |
| 2015 年安全生产先进单位 | 管城回族区人民政府 | 2016 |
| 2015 年全区组织先进单位 | 管城回族区组织部、管城回族区人力资源和社会保障局 | 2016 |
| 2015 年区纪检监察工作先进集体 | 管城回族区纪律检查监察局、管城回族区人力资源社会保障局 | 2016 |
| 省级文明单位 | 中共河南省委、河南省人民政府 | 2017 |
| 河南省五四红旗团委 | 河南省人力资源保障厅、共青团河南省委 | 2017 |

# 基础设施

中华人民共和国成立前，辖区内荒坡薄地遍布，居民房屋多为土坯房，日常生活以烧柴薪、吃井水、点煤油灯为主，基础设施薄弱。

中华人民共和国成立后，道路建设加快，供水、供气、供暖等各项基础设施有了长足发展。

20 世纪 80 年代以后，辖区经济不断发展，各项基础设施得到进一步完善。道路路面被拓宽和硬化，公交线路纵横交错，绿化建设不断加强，辖区内环境得到极大改善。

# 市政设施

## 主要道路

辖区东西向道路有东大街、城南路，南北向道路有紫荆山路、城东路、职工路。

**东大街** 东大街是郑州老城内的主干道之一，西起南大街，东至城东路，全长约1390米。

东大街

1916 年《郑县志》记载，该街道原称敏德街，1927 年易名中山东街，俗称东街，中华人民共和国成立后命名东大街。

1952 年年底至 1953 年 3 月，建成片石基础泥结碎石路面，长 1280 米、宽 8 ~ 12 米，是年第二季度加浇柏油。

1966 年 5 月，又复浇柏油，成为老城区东西走向的重要通道。1967 年改名解放东路，1978 年复名东大街，该街和西大街同为交通要道，是郑州连接开封、洛阳的重要通道。

2000 年左右，郑州市政府对东大街拓宽改造，路面拓宽至 35 米。

截至 2018 年，东大街与南大街、紫荆山路、城东路交会，道路向东与郑汴路相接。

**城南路** 城南路为城市次干道，辖区路段东起城东路，西至南大街，长 1335 米，宽 20 米。

城南路原为老城外南城壕，其西段修建于 1950 年，西起南顺城街，东至南大街，长约 550 米，柏油路面，当时称南城马路。

1985 年修建城南路东段，西起南大街，东至城东路，工程结构为双层灰土 30 厘米，碎石垫层 10 厘米，沥青灌入 5 厘米，细粒沥青混凝土 2 厘米。

1986 年，对城南路进行了扩建维修。

1993 年，对城南路进行综合整治。

2001 年，城南路（南大街至紫荆山路）完成路灯安装，实现照明。

2006 年，对城南路（南大街至城东路）进行整体复浇和路面综合整治。

2015 年，对城南路进行升级改造。

**紫荆山路** 紫荆山路始建于 1994 年，双向 8 车道，是郑州市中心一条南北走向的主要干道，也是进入市区的迎宾大道。

该路规划红线 50 米，由北至南依次贯穿金水路、商城路、东西大街、郑州陇海路高架桥、航海路等城市东西向主干道，紧邻花园路商圈、火车站商圈、二七商圈。道路因邻近紫荆山而得名。

紫荆山路辖区路段北至商城路附近，南至熊耳河，全长约 850 米。

城南路

紫荆山路

**城东路**　城东路原名二里岗大道，位于东城墙外侧，1956 年定名为城东路。辖区路段南起城南路、北至东大街，长 390 米，宽 35 米。

1959 年 10 月至 1960 年 4 月，该路被修成 7 米宽的泥结碎石路面。

1964 年 7 月和 1965 年 4 月，两次浇封层柏油和复浇柏油。1969 年再次复浇柏油，厚 1.5 厘米。

1982 年 2 月，城东路辖区路段进行扩建，路面拓宽至 21 米。

1980 年，在城东路筑起水泥墩铁管隔离带。1988 年，对辖区内路段进行综合整治。

**职工路**　职工路南起东大街，北至商城路，长 350 米，宽 10 米，为柏油质地路面，道路等级为支路，门牌号范围是 1 ~ 33 号。

该街道 1932 年始建，1933 年建成，古时名城隍庙前街。民国二十二年（1933 年），在城隍庙建起了河南省立郑县职工学校，因此这条街改名为职工路。

截至 2018 年，道路两侧为居民点，该街道沿途有郑州电力高等专科学校西家属院、中建文苑等。

## 背街小巷

辖区东西向街巷有书院街、鼎新街、法院东街、唐子巷，南北向街巷有主事胡同、向阳街、塔湾西街、东关东里、东关南里、博爱街、商城里。

**书院街** 书院街东起城东路，西至南大街，长 900 米，宽 10 米，为水泥质地路面，道路等级为支路，门牌号范围是 1 ~ 106 号。

明崇祯十年（1637 年），郑州知州鲁世任于此创建中天书院。清乾隆十年（1745 年）重修书院；清乾隆十九年（1754 年）改为东里书院。

清咸丰四年（1854 年），时任郑州知州的黄见三发动社会各界捐资，修葺书院。

清光绪八年（1882 年），时任郑州知州王成德把原在东大街文庙西，房屋已倒塌无存的东里书院改建，并移至此街，置于南公馆内，此街遂名书院街。

“文化大革命”期间，曾改名为红光东街。1979 年恢复书院街原名，并沿用至今。

**鼎新街** 鼎新街西起南大街，东至紫荆山路，长 400 米，宽 5 米，为柏油质地路面，道路等级为支路，门牌号范围为 1 ~ 100 号。

老照片——书院街

街道原名火神庙后街。1927 年，冯玉祥取消火神庙，街道由此更名为鼎新街，并沿用至今。

**唐子巷** 唐子巷，东起主事胡同，西至南大街，长 300 米，宽 4 米，为柏油质地路面，道路等级为支路。门牌号范围是 1 ~ 37 号。

该街明朝便存在，由“糖子巷”逐渐演变为“唐子巷”，名称沿用至今。

**主事胡同** 主事胡同位于管城回族区西北部，南起书院街（即纸坊巷），北至东大街，长 270 米，宽 3 米，为水泥质地路面，道路等级为支路，门牌号范围是 1 ~ 39 号。

该街道在明朝时便已存在，当时是一条无名死胡同，明万历十九年（1591 年），一位名为张大维的当地人把胡同打通，居民出行大为方便，众人感激，遂把胡同称为张家义巷。

郑州圃田人阴化阳官至户部主事，于明万历三十八年（1600 年）迁居于此，因其德高望重，街道逐渐被改称为主事胡同。

清光绪十五年（1889 年），礼部主事孟溁复居于此，主事胡同之名遂定。

老照片——唐子巷

**向阳街** 向阳街南起书院街，北至东大街，东邻商城里，西邻紫荆山路，长 280 米，宽 6 米，为柏油路质地路面，道路等级为支路，门牌号范围是 1 ~ 21 号。

明成化十二年（1476 年），郑州递运所迁到郑州城内三皇庙（即关岳庙）街东边，该街因之遂称所胡同。民国元年（1912 年）改称岳家胡同。1927 年，冯玉祥主政郑州时更名为向阳街。向阳即面朝太阳，寓意光明之意。名称沿用至今。

**塔湾西街** 塔湾西街南起东大街，北至商城路，东邻塔湾路，西邻紫荆山路。该街道长 378 米，宽 7 米，为水泥质地路面，道路等级为支路。

该街道于 1982 年始建，1983 年建成。位于郑州老城内东大街路北塔湾西边，故名，名称沿用至今。

**东关南里** 东关南里南至向阳食品厂北墙，北至东大街，长 130 米，宽 10 米，街道为柏油质地路面，道路等级为支路，门牌号范围 1 ~ 9 号。

该街道为中华人民共和国成立后的新兴街道。该街道位于东关之南，于是附近居民约定俗成，称其为东关南里。

塔湾西街

**博爱街** 博爱街南起书院街，北至东大街，长 280 米，宽 6 米，为柏油质地路面，道路等级为支路，门牌号范围为 1 ～ 45 号。

明朝时，此处因有火神庙，故称火神庙胡同。1927 年冯玉祥驻郑时，改此街为博爱街。“文化大革命”期间，曾改名革新街。1978 年恢复博爱街原名，沿用至今。

**商城里** 商城里在郑州文庙之南，北起东大街，向南延伸。东邻东关南里，西邻向阳街。街道长 150 米，宽 5 米，为柏油质地路面，道路等级为支路，门牌号范围是 1 ～ 58 号。

该街道位于郑州老城东门内，路名曾为野鸡巷。中华人民共和国成立后，群众因该名称不雅，因其在古商城里，遂呼之为商城里，名称沿用至今。

## 城市桥涵

**城东路熊耳河桥** 城东路熊耳河桥全长 50 米，3 个主孔，每孔跨径 16 米，桥面宽 15 米，高 3 米，下部由 4 个柱墩台组成，为钢筋混凝土组成。

城东路熊耳河桥

**城南路熊耳河桥** 城南路熊耳河桥长 50 米，宽 10 米，高 3.5 米，最大跨度 30 米。最大载重量为 10 吨。

**城南路社区熊耳河桥** 城南路社区熊耳河桥位于城南路社区东 100 米，全长 70 米，4 个主孔，每孔跨径 17 米，桥面宽 10 米，高 3 米，下部由 6 个柱墩台组成，为钢筋混凝土组成，最大载重量为 10 吨。

**紫荆山路熊耳河桥** 紫荆山路熊耳河桥全长 60 米，2 个主孔，每孔跨径 30 米，桥面宽 50 米，高 3.5 米，下部由 2 个柱墩台组成，为钢筋混凝土组成。最大载重量为 10 吨。

**郑汴路熊耳河桥** 郑汴路熊耳河桥全长 30 米，3 个主孔，每孔跨径 10 米，桥面宽 15 米，高 3.5 米，下部由 4 个柱墩台组成，为钢筋混凝土组成，最大载重量为 10 吨。

城南路社区、紫荆山路熊耳河桥

### 城市排水

中华人民共和国成立前，辖区自然排水主要靠熊耳河，排水工程仅有为数不多的砖砌下水道，且年久失修，失去排水能力。

中华人民共和国成立后，辖区内排水设施不断完善，地下排水管道纵横交错，形成较完整的排水系统，为城区防汛排洪奠定基础。其中东大街流管自南大街起，沿街中心，穿城东路入熊耳河，长 1440.5 米。

1988 年 5 月，实施东西大街污水干管工程，总投资 410 万元，1988 年 12 月竣工。工程质量合格率为 100%。西起福寿街，经二七塔南侧，沿西大街、东大街，到城东路，与 1100 污水干管接通。干线全长 2820 米，其中 P700 管道 535.63 米，41000 管道 879.93 米，1100 管道 1405 米，管体为钢筋混凝土结构，埋设深度一般为 6 ～ 10 米，最深处 11.25 米。设计流量为 735 ～ 1173 升 / 秒。汇水面积 8 平方千米。工程投入使用后，对辖区及周边一带的污水排放、夏季防洪排涝等起到了重要作用。

1990 年，地下排污管道主要是东、西大街管道，全长 2820.56 米（其中 c700 管道 535.63 米，1000 管道 879.93 米，1100 管道 1405 米），管体为钢筋混凝土结构，流量为 735 ~ 1173 升 / 秒，汇水面积 8 平方千米。排水渠道主要是流向熊耳河的管道，长 57.27 千米，其中干管 35 条，长 17.87 千米；支管 97 条，长 39.4 千米。

2004 年，完成紫荆山路和东大街交叉口积水点治理工作。

2014 年，疏通下水管道 30 余处。

## 公用设施

### 公共交通

截至 2018 年，途经辖区的公交线路有 20 余条，分别为 5 路、35 路、60 路、85 路、89 路、93 路、985 路、206 路、126 路、132 路、62 路、29 路、38 路、86 路、86 路区间、518 路、136 路、269 路、S162 路、Y16 路、Y12 路。

地铁 2 号线途经辖区，设有紫荆山路东大街站；正在建设中的地铁 3 号线经过辖区，设立站点有西大街站、东大街站、文庙站。

公共交通

## 供 水

中华人民共和国成立初期，辖区居民用水来源主要为井水。20 世纪 50 年代以后，辖区居民用水来源为郑州市统一供应的自来水。

2008 年，协调河南省电力专科学校对职工路 5 号院投资 10 万元更新改造 9 号、10 号楼的上、下水管道。

截至 2018 年，辖区内居民基本实现自来水全覆盖。

## 供 气

20 世纪 80 年代前，辖区居民及单位主要用散煤、型煤或薪柴做饭。80 年代以后，辖区居民逐渐开始使用天然气。

截至 2018 年，辖区内小区基本实现天然气接入。

## 供 热

20 世纪 80 年代前，辖区居民及单位主要用燃灶或者煤炉取暖。截至 2018 年，除个别小区实现自给供暖外，辖区内暂未实行集中供暖。

# 园林绿化

## 书院幽荷游园

书院幽荷游园位于东大街街道书院街与紫荆山路交叉口东南100米，于2009年建成。因坐落在管城回族区商代城墙遗址北侧书院街附近，且园中又有两池荷，故名，名称沿用至今。

书院幽荷游园 马健 摄

游园内绿化面积3690平方米，硬化面积1581平方米，园内以水生植物荷花和清新优雅的竹子为主，有上百年的对接白腊、竹子、黑松、大叶女贞、国槐、碧桃、红叶李、丛兰、石楠、黄杨、银杏、腊梅、连翘、爬地柏、南天竹等乔灌木。

游园内建筑有亭、桥及民国时期的四合院等，园内翠竹林立，绿荫满园，四季鲜花盛开，特别是两株上百年的大型盆景对接白腊尤其引人注目。

## 小南门游园

小南门游园位于东大街街道紫荆山路与鼎新街交叉口向西150米，于2014年12月建成。因此处原为老城墙南门，故名。游园占地面积2900平方米，设计理念采用对称布局，重点突出南门所处地理位置，整块绿地布局简洁大方，城墙南为卵石铺装，喻为护城河，北为树篱，状如城墙。遗憾的是该园因城市改建现已消失。

## 商陶花海公园

商陶花海公园位于城东路226号，于2009年建成。由于公园位于商城遗址附近，且寓意此园鲜花簇拥，故名。公园占地面积约2500平方米，园内景观以草坪为主，成丛花灌木点缀，突出群体效果，植物以常绿和色叶树种为主，如石楠、冬青等。

## 商韵园

商韵园位于东大街与城东路交叉口西侧，于2010年建成，占地面积2000平方米。园内植物以常绿和色叶树种为主，有银杏、石楠、早樱等。2018年该园因城市改建消失。

商韵园

# 郑州商城遗址（东大街辖区）

郑州商城位于郑州商代遗址的中部，是一座商代前期都城遗址，距今已有3600年的历史，是商王汤所建的“亳都”。1961年3月4日，国务院公布郑州商代遗址为全国重点文物保护单位。基于郑州商城的地位和重要性，1974年郑州被国务院列为国家历史文化名城，2004年被中国古都协会认定为中国八大古都之一，并成功加入世界历史都市联盟。

辖区南大街—东南城角—商城路段，有长约1950米的城垣。2016年启动建设的商都历史文化区，“两院”（郑州商都遗址博物院、郑州文物考古研究院）一期、“两院”二期，亳都古巷，开元寺·塔湾古街，书院街片区大部分都在该辖区。

## 商城内城（东大街辖区）

郑州商城内城在东大街辖区内主要为南大街—东南城角—商城路段，城垣长约1950米。

商城内城近似长方形，北城墙有拐折，东端位于顺河路与城东路交叉口西南，西北至紫荆山公园西门，再向西沿金水路南侧延伸至杜岭街北端东侧缓折向南，全长1690米；西城墙从杜岭街北端东侧接北城墙，向南穿越人民路，再向南沿北顺城街和南顺城街东侧，至南顺城街南端与南城墙相接，长约1700米；南城墙始于南顺城街南端与城南路交叉口东北侧，沿城南路北侧东向延伸，穿越紫荆山路，至城东路熊耳河西侧，全长约1870米；东城墙从城南路东端向北穿越东大街、商城路、东里路，至顺河路南侧与北城墙相接，全

商城城垣

长约 1870 米。其中，东城墙和南城墙保存状况较好，现今仍大多立于地面之上，尤以东南城角保存最好。考古工作者曾在内城城墙上发现 11 个宽窄不同的缺口，有的应与商代城门有关。城墙底宽 20 ~ 30 米，顶宽 5 米多，复原后高约 10 米。

郑州商城内城垣采取版筑法分段分层夯筑而成，每段长约 3.8 米，每层夯土厚 8 ~ 10 厘米。每层夯土面上，布满密集的圆形尖底或圜底夯窝，使用集束圆木棍作为夯具夯打而成。夯窝直径 2 ~ 4 厘米，深 1 ~ 2 厘米。

城垣的横断面呈梯形，中间层层平夯，作为城垣的主体，被称为“主城墙”；两侧为夯土倾斜面，被称为“护城坡”。墙内侧比外侧坡缓。在平夯和斜面接缝处保存着近于平直的版筑壁面，壁面上遗留有横列木板的痕迹，木板长 2.5 ~ 3.3 米，宽 0.15 ~ 0.3 米。这种倾斜面夯筑结构应是加固城墙的措施。

商城城垣横断面

向阳回族食品厂青铜器窖藏坑

# 向阳回族食品厂青铜器窖藏坑

向阳回族食品厂青铜器窖藏坑，位于郑州商城东南城角外侧50余米护城壕以东的河旁台地上，西侧紧邻郑州商城东侧护城壕和商城东墙，与城东南转角处相距100余米，向东南距熊儿河不足百米。

1982年7月11日，郑州市向阳回族食品厂在基建施工中，发现该青铜器窖藏坑，出土商前期青铜礼器13件。该坑由河南省文物考古研究所和郑州博物馆联合发掘，据在施工中发现青铜器的工人追述，大方鼎在东，大圆鼎在西，两鼎鼎口相对，平放在坑底。其余铜器放在鼎内及两鼎之间。1件尊放在大方鼎内，盘放在尊旁，罍放在大圆鼎底部，另1件尊横放在圆鼎内，中柱盂横放在两鼎口之间，口部与圆鼎内的尊的底部相接，圈足底部与方鼎内的尊的口部相扣。后在窖藏坑北部向下清理至距坑口约0.4米处时，又发现1件饕餮纹大方鼎，鼎口东足西，横置于坑底，腹内放5件铜器：提梁卣1件，顺放于鼎口处；觚2件，其中1件靠近鼎腹北壁，卣盖放在觚口上；小圆鼎2件，立于方鼎内南侧，其中1件鼎的下面放另1件觚。

这批青铜器经过套装、对口和并列放置，正好容纳于这座面积不大的窖藏坑内，显然是有意埋藏的。另外在附近灰坑内又发现不少牛骨，估计这一地点与祭祀有关。

窖藏坑出土的这些青铜器是我国目前所发现的商代前期青铜器中罕见的重器，其造型大方，制作精致，花纹朴实，反映出在3000多年前的商代前期，我们的祖先在青铜器铸造工艺方面所达到的高度。

以下是向阳回族食品厂青铜器窖藏坑出土的部分文物：

**兽面纹方鼎** 兽面纹方鼎高81.0厘米，口长55.0厘米，口宽53.0厘米，重75.0千克。直口，深腹，平折沿，方唇，口沿上对称拱形双耳；腹呈方斗状，向下微收；平底，下承四柱足，上粗下细，其内中空，且直通腹部；鼎腹四外壁纹饰相同，均饰有排列整齐的乳钉纹；腹上部饰兽面纹，呈带状贯穿两侧乳钉纹，兽面纹饰由宽线条勾曲回环组成，每组均以浅扉棱或鼎腹棱为轴，左右对称，双目圆

兽面纹方鼎

凸；腹壁和底、柱足表面部分有烟炱痕。整器铸造精湛，纹饰严谨，形制雄浑大气，古朴凝重，极具神秘威严之感，显然是商王朝国家权力的象征。

**羊首罍** 羊首罍高 33.0 厘米，口径 13.5 厘米。折沿，高领，束颈，折肩，深腹，圜底。腹壁陡直，至下腹部敛收于圈足，圈足上饰一周弦纹，有三个镂孔。肩部饰三个浅浮雕羊首，间饰三组带状兽面纹。上腹部有一周带状斜角目云纹，腹部饰三组兽面纹，且每两组间加饰一组较小的兽面纹，兽目迥然前凸，纹饰繁缛，布满腹身。整器造型精致，凝重华美，为商代前期商王室享用的重要青铜礼器。

羊首罍

**牛首尊** 牛首尊高 37.0 厘米，口径 32.0 厘米。大敞口，束颈，折肩，腹弧下内收，圜底，高圈足；颈饰三周弦纹，肩部环饰三个浅浮雕牛首，皆圆目横角，立体感强；牛首之间饰带状夔纹和连珠纹，腹部饰三组兽面纹，兽面纹上下分别界以带状连珠纹，技法严谨，线条流畅；圈足上饰三周弦纹，间有三个等距的“亚”字形镂孔。此尊造型庄重，纹饰规整，铸工精良，是商代前期祭祀礼仪中极具地位的贵重礼器。

牛首尊

## 郑州商城维修与保护

作为中国早期文明史和世界早期文明史上为数不多的大型城市遗址，以老城墙为代表的郑州商代遗址巨大的历史文化价值为世人瞩目。

国家文物局一直十分关注郑州商代遗址及老城墙的保护工作。1961 年 3 月 4 日，郑州商代遗址被国务院公布为第一批全国重点文物保护单位，“十一五”期间郑州商代遗址被列入全国重点保护的 100 处大遗址中。

1984 年成立郑州市商城遗址保护管理所。

1993 年先后对非法占压东、南城垣遗址本体和保护范围内的违章建筑进行了拆迁。

1995 年 9 月由郑州市人民政府编制《郑州商代遗址保护规划》对商城进行保护，建成了 8 个绿化景区、城南路文化街和商都文化广场等。

2000 年颁布《郑州商城遗址保护管理规定》。

2004 年委托清华大学编制《郑州商代都城遗址总体保护规划》，2008 年上报国家文物局获得批准。为了使城墙本体的保护更加科学，又委托中国文化遗产研究院编制了《郑

州商代都城城墙墙体保护方案》。在此基础上，为了彻底解决郑州商代遗址较大范围的保护问题，再次委托清华大学编制《郑州商代都城国家考古遗址公园建设规划》，并提出要以考古遗址公园建设为契机，带动周边40平方千米棚户区、都市村庄、仓储工厂区的地块改造，建设新商都组团，让商城真正成为郑州文化的一张亮丽名片，让周围群众切实分享文化遗产保护的成果。

2008 年、2009 年，经郑州市发改委批复，郑州市文物考古研究院、郑州商都遗址博物院项目立项。项目位于郑州商代都城遗址范围内，紧邻东、南城垣内侧，北至东大街、西至塔湾路，建筑内容主要包括郑州市商都遗址博物院、郑州市文物考古研究院和共享区域三大功能区。

2016 年 8 月 27 日，商都历史文化区建设启动。商都历史文化区以全国重点文物保护单位郑州商城为核心，位于郑州市中心城区，规划范围为二七路、德化街、钱塘路、陇海东路、城东路、金水路围合区域，面积约 6 平方千米。重点规划范围为 2.99 平方千米，即顺城街以东、熊儿河以北、城东路以西、管城后街—城北路以南围合区域。

商都历史文化区，以商文化为特色，以文化产业为支撑，通过充分挖掘保护、展示利用，唤醒沉睡的历史文化元素，将其打造成为集历史、文化、创意、艺术、科技等元素于一体的世界商都文化创意旅游示范区、郑州市的“城市名片”和“城市会客厅”，主要规划业态涵盖文化旅游、创意休闲、历史博览、现代服务和生活服务。

商都历史文化区内项目在东大街街道的主要有“两院”（郑州商都遗址博物院、郑州文物考古研究院）一期、“两院”二期，亳都古巷，开元寺·塔湾古街，书院街等片区。

# 郑州文庙

郑州文庙创建于东汉明帝永平年间（公元58—75年），后屡废屡修。2004—2006年，大成殿被整体抬升，重建了棂星门、金声坊、玉振坊、泮池、名宦祠、乡贤祠、尊经阁等建筑，初步恢复了文庙的规模和古朴典雅的建筑风格。复建后的郑州文庙在发掘郑州城市文化底蕴、提高城市文化品位、充实郑州历史文化名城内涵等方面起到了重要的作用。

1963年，郑州文庙大成殿被河南省人民委员会列为河南省文物保护单位。2013年5月3日，郑州文庙大成殿被国务院公布为第七批全国重点文物保护单位。

# 历史沿革

据明嘉靖《郑州志》记载，郑州文庙始建于东汉明帝永平年间（公元 58—75 年），占地约 5 万平方米，建筑布局严谨，规模宏大。

宋元时期，郑州地区征战频仍，文庙屡废屡修。文庙，征之文献，仅片言只词，庙之建筑、规模、形制语焉不详。

郑州文庙之建筑、规模、形制的记载，现仅可溯及元代。

至元二十四至二十六年年间（1287—1289 年），知州黄廷佐重建文庙。

大德二年至六年（1298—1302 年），知州刘永祚维修文庙。

至治元年（1321 年），奉宁大夫杨公重修文庙。

至元年间（1335—1341 年），同知蒲理翰维修文庙。

元顺帝至正六年（1346 年），仿原貌重建。

明洪武三年（1370 年），知州苏琦重修文庙。

洪武二十八年（1395 年），知州张奋重修文庙。

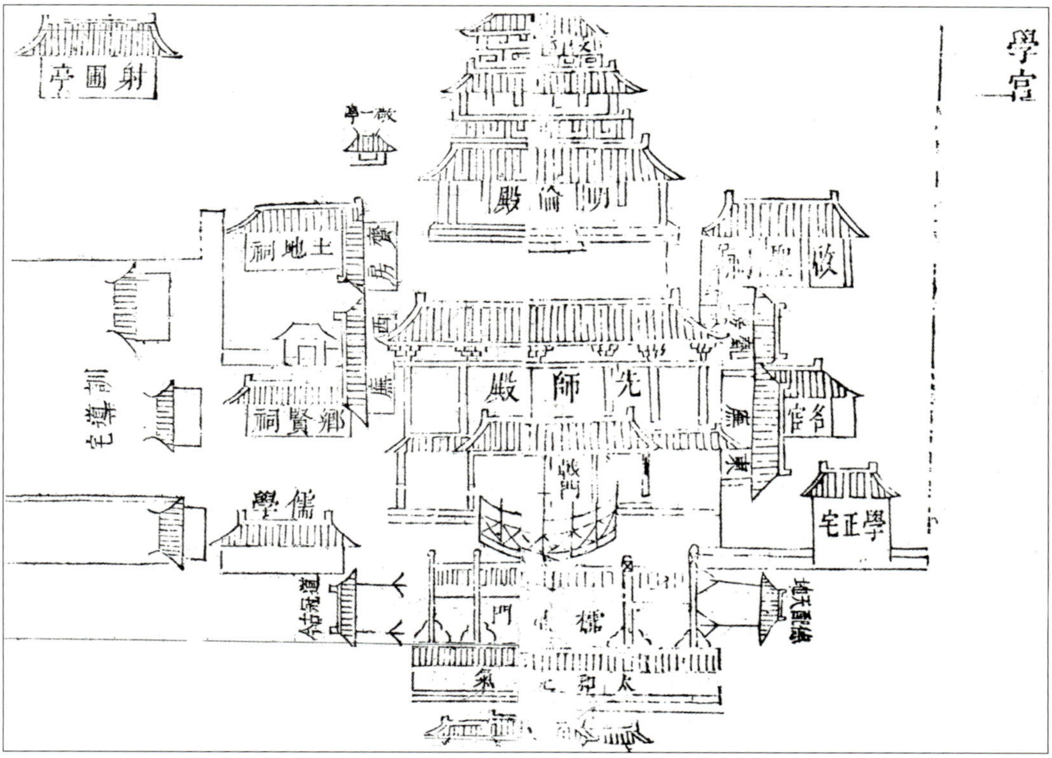


康熙《郑州志》中的郑州文庙图

宣德八年（1433 年），知州林厚重修文庙。

正统九年（1444 年），知州史彬重修文庙。

天顺三年（1459 年），知州俞靖重修文庙。

成化八年（1472 年），知州洪宽重修文庙。

弘治七年（1494 年），知州郭宏重修文庙。

正德十三年（1518 年），知州刘仲和重修文庙。

嘉靖十一年（1532 年），知州肖腾汉重修文庙。

嘉靖十四年至十六年年间（1535—1537 年），知州胡万里原址重建尊经阁。

嘉靖四十四年（1565 年），知州王守身重修文庙。

万历辛丑年（1601 年），知州俞乔重修文庙。

清顺治六年（1649 年），知州王登联重修文庙。顺治十五年（1658 年），知州刘永清，学正戚若鳃、刘绅，训导李枢等协力重修，庙貌巍然。当时，文庙有“大成殿七楹、东西两庑二十楹、戟门三楹、东角门一间、西角门一间、泮池半规、棂星门一座、启圣祠三楹、土地祠三楹、明伦堂五楹、敬一亭三楹、尊经阁五楹”。

康熙五十年（1711 年）重修。此后数十年间，郑州文庙遭到严重破坏，风雨侵蚀，墙垣相继倒塌。

乾隆三年（1738 年），知州张钺对大成殿、东西两庑、敬一亭、尊经阁、名宦祠、乡贤祠等一一修整，并重建明伦堂、东西两斋房、射圃亭。

光绪二十二年（1896 年），文庙复遭火劫，焚毁殆尽，“灾事上闻，部议重修，按亩捐款。土木大兴，岁两度始克告成。”但是建筑与规模已大不如前。

光绪二十四年（1898 年），知州汤似慈建东院宫厅三间、名宦祠三间。

民国期间，军阀混战，文庙内多次驻军，殿宇廊庑多被拆毁。

1937 年，郑州文庙由河南省立郑州工业职业学校使用。1941 年，学校对文庙大成殿进行了修葺。文庙大成殿、棂星门、泮池、照壁有幸尚存。

中华人民共和国成立初期，国家高度重视文物保护工作。1963 年 6 月 20 日，原河南省人民委员会列郑州文庙大成殿为第一批河南省文物保护单位。

此后一段时期，由于文物保护意识淡薄，文庙建筑受到不同程度的损毁。

改革开放后，文庙的保护得到政府高度重视。1981 年 7 月 16 日，郑州市政府决定将文庙大殿移交给市博物馆使用。

1984年7月21日，郑州市商城遗址保护管理所成立，负责郑州商城遗址、郑州城隍庙、郑州文庙管理工作。

1987—1991年，河南省人民政府外事办公室、郑州市政府拨款对郑州文庙大成殿进行了落架大修与油漆彩画。

2004年2月至2006年9月，根据文物保护与复建工程应尽量保持原貌的原则，以大成殿为中轴线，参照清乾隆十三年《郑县志》文庙图与中国文庙传统形制，复建照壁、东西牌楼、棂星门、泮池、戟门、尊经阁等。在戟门两侧分别建设名宦祠、乡贤祠；在大成殿前两侧建设东西庑房及碑廊；在尊经阁前两侧亦建设东西庑房、汉井井亭等；尊经阁后建设保护管理房。由于文庙地理现状的限制，已无法恢复中轴线两侧的旁院。修复完工后的郑州文庙于2006年6月10日即中国首届文化遗产日对外开放。

## 郑州文庙建筑群

春秋战国时期，社会动荡变革激烈，社会文化大发展，产生了哲学、思想、文学等各种流派，各流派纷纷著书立说，宣传自己的思想主张，形成儒、道、墨、法等诸子百家，

郑州文庙建筑群

棂星门 马健 摄

以孔子为代表的儒家是主要流派。到了汉初“罢黜百家，独尊儒术”，儒家学说成为社会主流。后世尊孔子为“至圣先师”，各地建造孔庙，按时祭拜。郑州文庙就是在这种大环境下兴建的。

现在的文庙建筑群为中国传统的合院式三进院落，南北长 180 米，东西宽 46 米，占地 8280 平方米，共有建筑 17 座，是河南省现存规模较大的文庙之一。

复建后的郑州文庙建筑为中轴线上前导与主体两部分。前导部分有照壁、排放和棂星门组成；主体部分由大成殿、尊经阁、碑廊、东西庑房等组成。

**第一进院落** 由棂星门、金声坊、玉振坊、泮池、大成门、乡贤祠、名宦祠等建筑组成，均为恢复建设的建筑。

**棂星门** 棂星门是文庙中的常见建筑，位于中轴线位置，通常为木质或石质牌楼式建筑。在古代传说中，棂星为天上的文星，以此命名寓意孔子为天上星宿下凡。郑州文庙的棂星门采用汉白玉制作，为三间四柱柱出头式，立于三级石台上，台基横宽 12 米，纵深 5.2 米。石门明间面阔 3.6 米，次间面阔各 2.6 米，通面阔 8.8 米。明柱高约 6.45 米，边柱高约 5.9 米，均上置双覆莲石雕。

玉振坊

**金声坊、玉振坊**　在照壁与棂星门之间的东、西两侧建设金声坊、玉振坊。金声玉振源自《孟子·万章下》：“孔子之谓集大成：集大成者，金声而玉振之也。”金指钟，玉指磬。比喻孔子的德行全备，正如奏乐，以钟发声，以磬收韵，集众者之大成也。金声坊、玉振坊为歇山式木牌楼，小巧玲珑，秀丽别致。

**泮　池**　泮池是仿皇宫之制，皇宫前有金水河，河上有金水桥，孔庙前则有璧水河、璧水桥。泮池原来是孔子及学生课间休息的地方，后人把泮池移建到文庙内与璧水相融合，以代学宫，因此后人又把泮水桥称为“状元桥”。

泮池东西直径 13.88 米，南北半径 6.94 米。泮桥为单孔半圆拱桥。泮池的石桥及池周边均置汉白玉单钩栏石栏杆，石栏杆由望柱、栏板、地袱和抱鼓石构成，栏板浮雕二十四孝及吉花圣草图案。整个泮池如月，虹桥曲架，白玉栏杆玲珑剔透、精巧别致。

**戟门（大成门）**　戟门是通往大成殿区域的正门，由此进入，就是文庙的内部主体院落。大成，出自《孟子·万章下》中对孔子及孔子学说的概括，即孔子之谓集大成者。由此门进入时，要衣冠整洁，仪表大方。“礼仪之始，在于正衣冠。”

戟门面阔三间，进深六架，东西长 10.6 米，南北宽 7.2 米。建筑坐落在东西长 12.6 米、南北宽 7.4 米的台基上，单檐歇山式建筑，屋面覆以绿琉璃瓦，饰以黄琉璃方胜，双龙戏

泮池　马健　摄

日脊饰。檐下施单昂三踩斗拱。脊柱为木制通柱，实榻大门三台，分别装在脊柱上，实榻大门的上槛以上、脊檩枋以下装有直棂式亮窗。门前有五步青石垂带踏跺。

**名宦祠、乡贤祠**　名宦祠、乡贤祠分别坐落于戟门的东西两侧，东为名宦祠，西是乡贤祠。建筑平面和造型相同，平面均呈长方形，各面阔三间，进深六架，东西长 9.6 米，南北宽 7.6 米。建筑坐落在东西长 11.1 米、南北宽 9.2 米的台基上，台基为青砖垒砌，悬山式建筑，砌五花山墙，屋面覆盖绿琉璃瓦，脊饰为双龙戏月。祠前、后明间装有四扇五抹隔扇，次间装有槛窗，格心均为一马三箭式。门前有五步青石垂带式踏跺。

**第二进院落**　由东西两庑、东西廊庑和大成殿等建筑组成，除大成殿外，均为恢复建设的建筑。大成殿前有举行祭祀仪式的月台。

**东西两庑**　东西两庑建在戟门与大成殿之前的东西两侧，各面阔七间，进深六架，南北长 25.9 米，东西宽 8.2 米。前建有步廊，悬山式建筑，砌五花山墙，屋面覆以灰筒瓦，绿琉璃瓦剪边，中间饰有绿琉璃三连方胜，东西两庑的明间、梢间装有四扇四抹隔扇，次间、尽间装有槛窗，格心均为一马三箭式。东西两庑内设各种陈列展览。

**廊　庑**　碑廊为卷棚悬山顶，屋面覆以灰瓦，元宝脊，四架梁。廊庑台基左右两端置三步青石垂带踏跺。东廊庑台基长 12.9 米、宽 3.25 米、高 0.27 米。西廊庑台基长 20.9 米、宽 3.25 米、高 0.27 米。二者均为青砖垒砌，台沿以檐石平铺，转角处各安角石一块，地面以青石方砖铺墁。前檐柱间额枋下施楣子，下置坐凳栏杆。西廊竖立文庙历代碑碣。

东廊庑面阔四间，进深三架椽，面阔 11.7 米、进深 2.25 米，通高 4.1 米。西廊庑面阔五间，进深三架椽，面阔 19.6 米、进深 2.25 米，通高 4.1 米。垂脊为灰塑，饰卷草，螭首垂兽。整个建筑构造简洁，轻俏优美。

**大成殿** 单檐歇山式建筑，面阔七间，进深十架椽。殿顶覆以绿色琉璃瓦，中饰三组黄琉璃菱心。正脊两端置鱼龙大吻。正脊阳面陡板面塑为“二龙戏珠”。阴面塑有“凤穿牡丹”。正脊中间为狮子火珠。垂脊为琉璃浮雕二龙戏珠，狮子垂兽，戗脊为牡丹及卷草图案，螭龙套兽。两山的博风、悬鱼为琉璃浮雕饰件。

**第三进院落** 由东西两庑、尊经阁等建筑组成，大成殿与尊经阁间有一井亭，东西两庑、尊经阁、井亭四者均为恢复建设的建筑。尊经阁前有月台。

**东西两庑** 东西两庑建在大成殿与尊经阁之间的东西两侧，各面阔九间，进深六架，南北长 32 米，东西宽 8.2 米。前建有步廊，悬山式建筑，砌五花山墙，屋面覆以灰筒瓦，绿琉璃瓦剪边，中饰以五连方胜。东西两庑的明间、梢间装有四扇四抹隔扇，第一、第二次间和尽间装有槛窗，格心均为一马三箭式。东庑陈列有砖雕《孔子圣迹图》，作品采用

大成门

高浮雕、透雕手法，构图严谨，人物形象生动，雕刻技法精湛，形象地再现了孔子的生平事迹。

**井亭** 单檐盝顶，四坡屋面，覆灰瓦，相交成四檐，顶置方形围脊（天井）代宝顶，四垂脊向上接围脊合角处。亭通高4.6米。亭平面为正方形，台基边长为4.3米，高0.45米，台基正中为古井，井圈为正六边形，六块青石拼砌而成，天井雨水直落井中。台基西侧柱间置红墙，另三面各设三步垂带式踏跺。

井亭建筑造型俊俏别致，匠心独具。

**尊经阁** 尊经阁也叫藏书阁，是文庙用于贮藏儒家重要经典及百家子史诸书的地方。历史上，文庙与教育紧密相连，所以，尊经阁不仅是图书馆，还是阅览室。古时文人绅士尊孔读经、达官贵人以及消夏避暑，都常到此处。

尊经阁建在大成殿后，高高立于有汉白玉栏杆的底座之上，是整个文庙的最高建筑，象征着不断向上的研学境界。

尊经阁，重檐歇山式屋顶，副阶周匝，面阔七间。二层设有平座，回廊可供环视四周。屋顶为绿色琉璃瓦覆盖，中饰以黄琉璃三连方胜，脊饰黄、绿琉璃吻兽；正脊中央置高层楼阁狮驮宝瓶，高2.8米，两侧置狮驮宝瓶，高1.7米，两端置大吻，垂脊饰走兽、仙人。建筑高15.4米，巍峨壮观，瑰丽多姿。

井亭 徐宁 摄

尊经阁

尊经阁的台基平面呈长方形，东西长 23.4 米，南北宽 16.8 米，高 1.5 米；殿内两排 8 个金柱为须弥座式梅兰竹菊石柱础。柱础分为三层：底层为须弥座，上雕梅兰竹菊一周；中层雕仰莲；上为古镜式，中刻缠枝牡丹。其金柱全采用双龙缠柱高浮雕包镶。

殿前建有月台，东西长14.7米，南北宽6.62米，高约0.9米，月台前与两侧均置踏跺七步。殿前明间置踏跺二步，台明和月台均为青砖垒砌，周围以檐石平铺，转角处各安角石一块，地面以方砖铺墁。台基与月台上均置单钩栏草白玉栏板望柱。

底层四周建有围廊，东西长 21 米，南北宽 14.4 米。面阔七间，进深四间，栏板雕刻历代劝学故事及吉祥图案。副阶周匝式。围廊斗拱的布列，除柱头科与角科外，前后明间平身科三攒，次间二攒，梢间一攒；两侧平身科每间一攒。三踩、单下昂，角科施把臂厢拱。

尊经阁上檐斗拱为五踩双下昂，耍头呈蚂蚱形，角科施把臂厢拱，平身科耍头后尾平插垂莲柱。垂莲柱与下金枋相连，而柱的上端直承下金檩，使内外结构、斗拱、梁架连贯成一个整体，所以主体连接处不会看到一个钉子。这种看似外表简单的设计却有着牢固的内部结构。

# 大成殿维修保护

大成殿坐北朝南，庄严肃穆，气宇轩昂，是整个文庙最重要的主体建筑。

作为祭祀“圣人”的庙堂，大成殿在建筑的个体建筑设计、总体布局及环境处置上都表现出恢弘肃穆、庄严神圣之意匠。大成殿内正中供奉孔子坐像，两边是孟轲、颜回等四配十二哲的坐像。大成殿雄伟高大，红柱绿瓦，月台开阔，整个建筑显得庄严肃穆，同时，雕梁画栋又使得大殿庄重中透着华丽。

大成殿台基长 25.61 米，宽 14.38 米。殿的台基、台沿以檐石平铺，地面以青石方砖铺墁。殿前有宽阔的平台称月台、祭台或拜台，古代祭祀时作舞乐及行礼使用。

大成殿为单檐歇山式建筑，面阔七间，23.13 米，进深十架椽，11.74 米，通高 11.55 米。其殿顶构造复杂，工艺精湛，堪称一绝。大殿最高处称“脊”，脊的两端各有 2 米高的龙头形构件，称为“吻”，其意龙司降雨，是防火的标志。脊的正中央高耸着一个双层楼阁

大成殿

建筑构件，上塑麒麟、大象等祥瑞饰物。脊面上塑有“二龙戏珠”“蜘蛛盘丝”“凤穿牡丹”等吉祥图案，造型优美，生动传神。大殿顶面覆盖绿色琉璃瓦，与脊饰光彩交映。

大成殿的东、西侧面是“两山”，两山的“博风”（古建构件名称）上，有玉皇大帝、如来说法、八仙过海、戏曲人物等图案，构图精美、制作细致。殿檐下是“五踩重昂斗拱”（古建构件名称），木工结构复杂，彩绘繁缛，显示了古代工匠高超的工艺水平。殿宇内梁架椽檩上的木雕、彩绘更是构思精妙，有青山野鹿、天马行空、凤鸟栖林、蛟龙升腾、牧童斗牛、剑客起舞等图案。殿内雕梁画栋，前后两排朱漆明柱。

大成殿两山的博风是采用三彩釉烧制而成的琉璃饰件。东山博风正中，镶嵌着雕刻的玉皇大帝，两侧为三国人物故事。博风正中对角线下，悬鱼是琉璃烧制的三朵竞相开放的牡丹花。整个博风、悬鱼采用的是平地起突手法，线条圆润流畅，简繁适中得体，形象生动逼真，堪称是杰出的艺术品。

由于年久失修，加之历史变迁，致使大成殿的屋瓦、门窗不同程度地受到损毁，特别是原来高出地面近两米的月台地平已低于马路路边石。由于周围地理环境的变化，已显示不出大成殿巍峨高大的气势。

郑州文庙维修前，庙内只存大成殿。大成殿左右两侧是起脊瓦房，为郑州市轴承厂职工宿舍；大成殿前为郑州市轴承厂幼儿园、小工厂等建筑，后为郑州市轴承厂车间、厂房。

中华人民共和国成立以来，河南省人民政府和郑州市人民政府都十分重视郑州文庙的维修、保护工作。

1955 年，郑州电力学校对大成殿进行了局部维修。

1987 年，郑州市商城遗址保护管理所对大成殿进行了落架大修与油漆彩绘。

2004—2006 年，郑州市委、市政府对郑州文庙进行复建，最引人注目的是大成殿的维修工程。

由于地下水位上升等原因，导致大成殿地基软化、沉陷，文物本体酥碱。经专家多次论证，除对大成殿朽柱更换外，还实施了原地抬升工程，将大成殿整体抬升 1.72 米。之后，又相继完成了屋面维修、油漆彩绘、展示月台基础等工程。

大成殿整体抬升工程主要是遵照古建筑维修原则，最小限度地减小振动建筑本体，按次序、分步骤如下：（1）局部拆除围护的墙体以探查柱的残损状况；（2）墩接或更换柱子；（3）以牮杆加固各梁架；（4）拆除围护的墙体；（5）以牮杆将纵向各缝梁架加固；（6）设置监测设备及装置；（7）分次逐根稳定柱子；（8）拆除柱下础石；（9）以钢梁为承重并安置抬升设备；（10）抬升；（11）分次砌作基础及栏土；（12）分步夯筑回填灰土；（13）砌围墙体；（14）修补椽飞；（15）维修屋面；（16）清理出月台南部及东、西淤埋部分；（17）做月台阻水工程；（18）砌筑观测壕沟；（19）制作防护罩等，然后再砌月台、安放栏板等。

2005 年 1 月 27 日，大成殿被平稳抬升至既定高度。此次抬升工程在技术上具有三项重要特点：大殿整体抬升，避免了传统的逐缝梁架分件抬升带来的榫头易“骨折”的重大弊端，大大延长了文物本体的寿命；整体抬升时建筑下部不做联为一体的基础梁和庞大的承台，节约了大笔资金；屋面不卸瓦顶，尽量保存古代建筑丰富的历史、艺术与科技信息。

## 文庙活动

郑州文庙自 2006 年重建开放以来，先后举办了传统而庄重的祭孔典礼、书画展、名家笔会、道德讲堂、成童礼、成人礼等公益文化活动，充分发挥文庙在传播传统文化方面的作用，收到了良好的社会效益，不仅成为传播有积极意义和价值的儒学文化、国学经典的文化阵地，也成为郑州市著名的旅游景点。

经典诵读活动

2006 年 6 月 10 日文庙开放日，在大成殿前举行了中国首届文化遗产日开幕式。

2007—2019 年，每年的 1 月 1 日零时，郑州文庙都会响起悠扬、洪亮的钟声，市民以撞钟的形式辞旧迎新。

## 碑　刻

郑州文庙目前有记载的碑刻 21 通，现存郑州文庙碑廊 16 通，其中明代碑刻 9 通，清代碑刻 5 通，民国碑刻 2 通，其他损坏或佚失，基本展现了郑州文庙的历史沿革，尤其是对研究郑州古代科举的兴盛、教育的发展起到了重要的作用，具有极高的文物价值和史料价值。

文庙碑廊

## 郑州文庙碑刻简表

| 序号 | 年代 | 名称 |
|---|---|---|
| 1 | 明代天顺三年（1459 年） | 郑州修学记 |
| 2 | 明代成化十二年（1476 年） | 郑州学历科题名记 |
| 3 | 明代成化十三年（1477 年） | 大明郑州历年贡士题名记 |
| 4 | 明代弘治五年（1492 年） | 义输学田记 |
| 5 | 明代正德十三年（1518 年） | 儒学新增义田记 |
| 6 | 明代嘉靖年间 | 郑州儒学重建尊经阁记 |
| 7 | 明代嘉靖三年（1524 年） | 郑州学田记 |
| 8 | 明代嘉靖四十四年（1565 年） | 郑州重修文庙记碑 |
| 9 | 明代万历辛丑年（1601 年） | 郑州重修庙学记碑 |
| 10 | 清代康熙二十五年（1686 年） | 御制至圣先师孔子赞并序 |
| 11 | 清代康熙四十一年（1702 年） | 康熙御制训饬士子文碑 |
| 12 | 清代乾隆三年（1738 年） | 文庙重修记 |
| 13 | 清代乾隆二十年（1755 年） | 御制平定准噶尔告成太学碑 |
| 14 | 清代乾隆二十四年（1759 年） | 御制平定回部告成太学碑 |
| 15 | 民国五年（1916 年） | 重修大成殿记 |
| 16 | 民国二十六年（1937 年） | 重修郑县孔庙记碑 |

# 文物胜迹

东大街街道遗址古迹历史跨度长，数量众多、类型丰富、分布集中、和谐共生、特色突出。有开元寺遗址、子产祠遗址、商都遗址公园、中天书院、东里书院等。远近闻名的名胜古迹，得天独厚的人文资源，古今相承的民俗文化，每年都吸引着大量的游客到辖区参观、游览。随着人民生活水平和文化素养的提高，各种文化信息交流的加快，国家对文物古迹的维修、重建与保护的高度重视，这片古老土地的历史文化正在不断绽放异彩。

# 商都遗址公园

2014 年，商都遗址公园由郑州市管城回族区绿化管理所命名。该公园位于东大街街道东大街与城东路交叉口，东邻城东路，西邻紫荆山路，南邻商城遗址，北邻书院街，占地面积约 0.06 平方千米。

公园是以商城遗址为基础建造的，是郑州商代都城遗址的重要展示节点，蕴含丰富的文化底蕴，充分展示了历史文化。商都遗址公园的景观主要集中体现三个功能——观游城墙遗址、室外文化展示、聚集休闲活动。

在观游城墙遗址方面，园内修建两处栈道通往城墙上面，游客可在城墙和公园之间互相穿行，不但可在公园内欣赏宏伟的古城墙，还可从公园登上城墙俯瞰公园美景。

在室外文化展示方面，公园以“玄鸟生商”为主题，通过玄鸟广场、商文化浮雕墙和考古名家雕塑展示商都文化。同时通过具有商文化元素的标识牌、与商城垣遗址历史风貌相互搭配的垃圾箱、抽象的商代青铜器纹饰符号石凳等，处处体现厚重的历史文化。公园进口处右侧文化墙以文字和图片的形式记录了自 1950 年以来商城遗址从发现、发掘到郑州被评为“八大古都”之一的历程，以及期间的重大考古发现，着重突出商城遗址的文化内涵、历史地位。

商都遗址公园

浮雕墙 刘予平 摄

玄鸟生商

公园设计构思以玄鸟生商为主题，体现在原始中开辟的文明世界。玄鸟、凤鸟是商王朝的图腾和象征。《诗经·商颂·玄鸟》记载："天明玄鸟，降而生商。"玄鸟广场以一圈黑色砾石铺面，其抽象曲线似怀抱中待破玉而出的玄鸟。玄鸟广场为两侧自然形态的松林环抱，喻示中华文明的先祖在原始中开辟出一片灿烂文明，舞动的线条和羽状的元素组成主题构图。

公园的浮雕墙正反两面都有精美的浮雕，一面从甲骨文、青铜器、农耕、制陶等方面展现了商王朝的发展，另一面展现了玄鸟生商、商亥服牛、相土训马、商汤与伊尹、夏桀灭亡、商汤建亳几个商朝典故。

公园内的雕塑有三人举鼎与青铜模范雕塑，刻字先生吕文远雕塑和李大钊工人夜校讲座雕塑等。

三人举鼎与青铜模范雕塑。商朝是我国的青铜时代，中国的青铜器在世界青铜器中享有较高的声誉和具有较高的艺术价值，在世界科学和艺术史上占有特殊地位。

刻字先生吕文远雕塑。1933 年中央派吕文远到河南任中共河南省（工）委书记。因白色恐怖，同年 6 月省工委机关迁至郑州管城区布厂街德润里。吕文远以刻字先生的身份在小小煤油灯下发出一份份指令。

李大钊工人夜校讲学雕塑。1921 年，中国共产党创始人之一李大钊来到郑州铁路工人夜校讲课。他说，"工人"二字，"工"在上，"人"在下，连在一起就是"天"字，工人阶级就是顶天立地的阶级。

市民休闲娱乐活动

该公园中还有三位考古学家的雕像，分别是邹衡、安金槐和韩维周，他们在商城遗址的发现中起了非常重要的作用。邹衡首次提出了郑州遗址是商朝亳都遗址。安金槐是河南省文物考古研究所第一任所长，主持了郑州商城遗址首次考古工作。韩维周在郑州二里岗一带首次发现商朝文化遗存，是郑州商城的发现者。

在聚集休闲活动方面，公园内设置不同功能的广场、健康步道、亭廊等满足游人运动、健身、休闲等各种活动需求。

## 开元寺遗址

开元寺旧址位于东大街路北，即今郑州市第一人民医院院内。

明嘉靖《郑州志》载：“开元寺，在州治东；唐玄宗开元元年（713 年）建造；明朝永乐十八年（1420 年）僧明福重建。”清朝时期，曾屡次遭受毁坏，又多次修葺。1938 年至 1944 年，又先后遭到毁坏、轰炸，仅留有塔基埋入地下。1974 年，在开元寺原址上，建立了河南省立郑州医院（今郑州市第一人民医院），开元寺消失。

民国老照片——开元寺塔

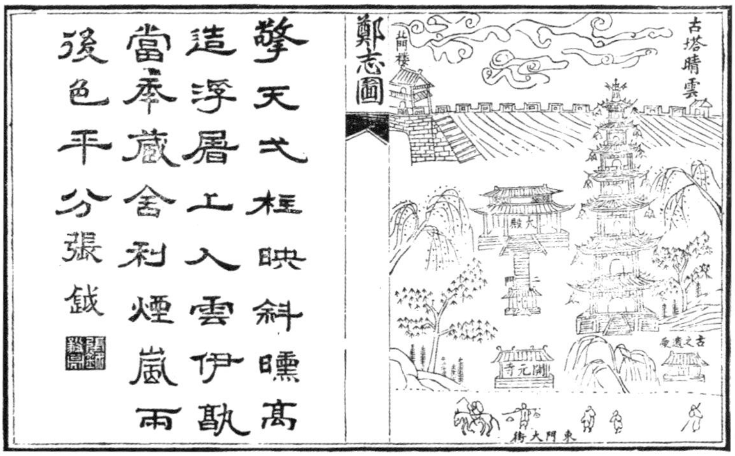


民国《郑县志》古塔晴云

该寺门前有宋开宝九年（976 年）建的舍利砖塔一座，高 13 级，30 余米，每层均有棚板和木梯，人可盘旋登塔观景。《郑县志·古迹》载：“舍利塔，在开元寺，高十余丈，唐时建。”因古塔耸峙，晴日浮云，素有“古塔晴云”之称，曾被列为“郑州八景”之一。清知州张钺诗曰：“擎天一柱映斜日，高造浮屠上入云。伊孰当年藏舍利，烟岚雨后色平分。”附近一带也因塔名而称为“塔湾”。民间曾流传歌谣：“郑州像只船，塔儿像桅杆。铁锚放大堂，县城不摇晃。”说的是郑州地形西高东低，像一只大船停泊在岸边，高高的开元寺塔就是船的桅杆。

舍利塔在清朝时曾屡次毁坏，又多次修葺。清咸丰元年（1851 年）舍利塔遭火焚，梯棚尽毁，塔遂成一空筒。清同治十二年（1873 年）知州张暄曾予倡修。据说，到清光绪年间，塔已是无顶之塔了。1885 年又加修缮，1938—1944 年，塔又先后遭到国民党和日寇的毁坏、轰炸，已无存，仅留有塔基埋入地下。1947 年，以开元寺为址，建立了河南省立郑州医院。1948 年郑州解放后，医院更名为“郑州国际和平医院”，下设三个分院，七年后，该院一分院改称郑州市第一人民医院。

1951 年，文物部门曾对其进行清理，因地下水位过高而放弃。1974 年和 1977 年，文物部门两次对塔基遗址进行了清理发掘，出土有石棺、武士像、力士像等石刻文物，雕刻施以彩饰，人物栩栩如生，故事生动逼真，是一批珍贵的石刻文物。

塔基位于地面以下 0.7 米深处，钻探得知东西长 15.5 米，南北宽 13 米（南边未到边），深 2.5 米。经发掘确认，塔基的砌筑方法为：先在底层平整夯实，然后在基础内平铺一层石条，在基础正中用石条垒砌南北长 6.4 米、东西宽 5.6 米、高 2.3 米的墙圈。墙之外用土夯实。

地宫位于墙圈中间，平面呈八角形，门朝南。地宫内部由门、甬道、墓室三部分组成。

墓门用青石刻成，素面，可开关。门额上浮雕释迦说法像，门框上雕牡丹、石榴、花朵像，门楣上雕刻双羊奔逐图。

门外有长 1.56 米、宽 1.12 米、高 2 米的走道，近门处两侧放有半圆雕力士像。门内有长 1.1 米、宽 0.78 ~ 1.05 米、高 1.66 米的甬道。

墓室方形，石块垒砌，白灰抹墙，砖铺地，边长 2.15 米。室上部为石雕二层斗拱。墓顶八角形，中部用八角形石板封盖。石板内雕刻莲花藻井。墓室进门两侧各放置一座石雕武士像。

以下为开元寺遗址部分出土文物。

**石　棺**　该石棺于 1974 年在开元寺塔地宫中发掘出土。石棺由棺盖、棺身、棺基座三部分组成，通高 100.0 厘米，长 108.0 厘米。

棺盖呈七棱形，前宽后窄、前高后低，盖上阴刻缠枝牡丹花纹，中间有楷书题铭“唯大宋开宝九年岁次丙子正月庚寅十一日戊寅制造毕工施主预超妻王氏男赟贝新妇惠氏孙儿合子孙女花哥伴姐”48 字。

石棺的精美之处在于棺身四周的雕刻。棺身左右两侧有高浮雕，为“释迦牟尼涅槃十弟子送葬图”。十弟子中每侧五人，均声泪俱下，形象感人。左侧五弟子中，前面一弟子坐地捶胸大哭，其后一弟子掩面痛哭，又有二弟子抱头哀号，最后一弟子面向里，手拍棺墙掩面而泣，后面有一狮子四脚朝天。右侧五弟子中，前面三弟子，一弟子哭昏在地，一弟子从后搀扶，另一弟子手端钵盂鼓腮喷水施救，后面两弟子作掩面痛哭状，最后还有一狮子仰面蹲卧。两组雕刻小巧精细，人物表情刻画得栩栩如生。棺身下雕须弥座，四角有力士柱，四周雕有十一个壶门，门内各有一伎乐人，分持琵琶、笛子、排箫等乐器。棺身前后均雕有假门，形制相同，其中前门两侧有二力士持械守护。

石棺

棺基座为须弥座，四角处各有一力士，袒胸露体，奋力负棺；底座壶门内雕有祥瑞异兽，或猛扑向前，或仰首怒吼，非常生动。基座上平面刻有修塔题记，其中有“东京左街相国寺”“东京右街开宝寺”等关于宋初国都开封城内寺院方位的记述，还明确记载了上述寺内有“法华院”“东经藏院”“文殊阁”“不动尊院”“弥勒院”等建置，为研究宋初开元寺提供了重要的史料。整个石棺造型精美，刻工细致，人物形象表达真实细腻，显示出宋代工匠高超精湛的技艺。

**力士像** 两尊力士像于1974年在开元寺塔基遗址出土。

一尊通高85厘米，宽46厘米；另一尊通高75厘米；宽44厘米。力士像为高浮雕。力士横眉立目，张嘴疾呼，表情夸张；头上挽髻束发，饰项圈、手镯、脚环，袒胸露乳，胸前璎珞交结、帛带环绕，腰束裙，赤脚而立；力士左手抱杵，右臂抬起，全身筋肉勃张，极富质感，给人强烈的视觉冲击；雕像表面残留有饰彩鎏金痕迹。

力士像

**天王像** 两尊天王像于1974年在开元寺塔基遗址出土。

一尊通高76厘米，宽44厘米；另一尊通高80厘米，宽46.5厘米。天王像为高浮雕。二武士体态相近，一人右手持剑，一人执金刚杵而立。武士体略后仰，头上束发戴冠，怒目圆睁；身着铠甲，腰间系战裙，脚穿战靴，身旁帛带飘飘，富有动感，突显出武士的刚健威猛，气宇轩昂。造像表面残留有饰彩鎏金痕迹。

天王像

**尊胜经幢与八棱经幢** 尊胜经幢原存于郑州开元寺，今存郑州博物馆。唐中和五年（885年）刻立，通高3.5米，青石雕凿，由底座、幢身、华盖、佛顶造像、顶盖五部分组成，幢身八

唐尊胜经幢

唐八棱经幢

棱柱体，正面篆刻“尊胜幢”，各面刻陀罗尼经文，其他部分分别雕刻坐佛、佛龛、兽首衔带、瑞兽、仰莲等。幢顶为八角形，仿木结构凉亭式盖。龛侧刻有纪年铭文。

八棱经幢，全名“太上洞玄灵宝无量度人上品妙经”幢，八棱。唐会昌六年（846 年）刻立，残高 1.6 米。经文楷书，太原王维度刻字，大部分清晰可见，是珍贵的道教经幢。

## 子产祠遗址

子产祠原在郑州市东大街东段路北，西连开元寺，东与郑州文庙为邻。子产祠是祭祀子产的祠堂，今已不存，仅留遗址。

子产（出生年不详，卒于公元前 522 年），先秦政治家和思想家，春秋时郑国执政（执政相当于后来的宰相、丞相），郑穆公之孙，名侨，子产是他的字，又字子美。当时公子之子称公孙，故人称公孙侨。死后谥号成，后人又称其公孙成子。

1916 年《郑县志》载：“郑北鄙，又名东里，郑子产所居。”春秋时管城属郑，称管邑，据说是子产的采邑。子产卒后，作为子产采邑的管城修建了子产祠，塑像镌碑，彰扬其业绩，赞颂其功德。以后子产祠便成为历代官员、文士朝拜的圣地，并留下了无数赞颂子产功德的题辞和诗赋。

数千年中，子产祠曾数次损毁，也数次修复。宋代建有神霄宫，后毁于战乱。元大德九年（1305 年），又在原址建造大殿三间，整修山门，粉饰墙壁。明万历三十九年（1611 年），郑州知州王弘祖修整该祠，曾于祠门立碑曰“古之遗爱”。清乾隆十三年（1748 年），郑州知州何源洙重加整修后题额“惠人祠”。清乾隆三年（1738 年），郑州知州张钺赋诗《子产祠》：“乡校刑书宽猛兼，至今犹颂大夫贤。文辞却敌终无失，惠义诚民洵足传。后哲谁能追往躅，灵祠空自敞虚筵。管城数载惭劳吏，缅想遗徽一惘然。”

## 中天书院、东里书院

**中天书院**　明崇祯十年（1637 年），时任郑州知州鲁世任在南城下（今书院街北侧）创建中天书院，原有正堂 7 间，拜厦 3 间，后殿 3 间，另有寝房、厨房、大门、二门若干间。当时的中天书院内学子众多，是中原地区著名的书院之一。明朝末年，战乱不断，该

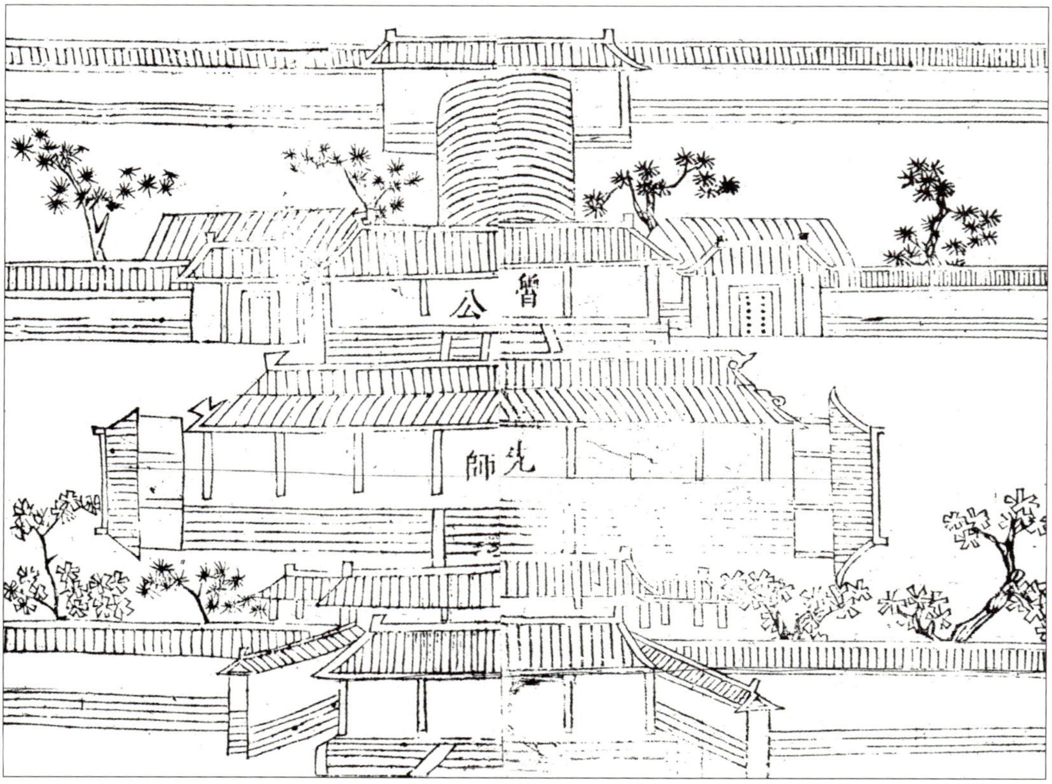


康熙《郑州志》中天书院图

书院遭遇劫难。清乾隆十年（1745 年），时任郑州知州张钺对中天书院进行了修缮，清道光十八年（1838 年），郑州知州王宪在中天书院的旧址上建造鲁公祠，作为他用。

**东里书院** 始建于清乾隆十九年（1754 年），时任郑州知州安而恭建，原位于子产祠东侧、郑州文庙西侧。“东里”是春秋时期政治家子产所居地，书院紧邻子产祠，故取东里之名。清光绪八年（1882 年），王成德任郑州知州，把东里书院移建至中天书院旧址，并重建照壁、大门、讲堂、东西楼房和斋房等建筑，恢复了中天书院初期时的规模，成为当时郑州最有影响的书院。

# 古街老巷

主事胡同、书院街、唐子巷、博爱街……古往今来，几乎每条街巷都有着自己的故事，也循其特色而衍生出各种道路名称，有的记载着街区的风物历史，有的饱含着人们对美好生活的向往。街因人而扬名，人又因街而永存。这些街巷中发生的陈年旧事，对街巷及居民产生了一定的影响，成为街巷历史文化的一个重要组成部分。

LOCAL RECORDS OF DONGDAJIE

# 东大街

东大街是一条古老而有名的街道，自古以来这里就是郑州老城区的主要居民区。

一百多年前，慈禧太后和光绪皇帝曾逃难到此。1900 年庚子国难，北京沦陷。同年农历七月二十，慈禧偕光绪皇帝和一众随从仓皇出逃到西安。一年后，《辛丑条约》签订，慈禧一行开始从西安起驾，踏上回銮之路。其中，在到达开封之前，銮驾曾在郑州停留了两日。

20 世纪二三十年代，在街的西段，各种手工业作坊、商业店铺、餐饮服务、酒馆、旅馆等分布街道两侧。中华人民共和国成立后，东大街西段有红旗百货大楼、解放影院、郑州轴承厂、郑州人民医院一分院等单位，街两边的店铺一家挨着一家。

明清至民国，东大街居住了很多官宦、士绅、富商和名门望族，对东大街的发展与繁荣产生了很大的影响。

阴风仪，曾任候选布政使，平时性情孝纯友爱，慷慨好施，世居于此。清嘉庆十八年（1813 年）郑州闹灾荒，他捐出钱 500 缗（古代 1000 文为缗），设一粥厂，又把自家的粮食拿出来 100 多石分发给没饭吃的民众。兴修城墙、城河，以工代贩，城里的很多穷人得到实惠。

东大街老照片

沙起贤，性情孝纯，宽厚、稳重。清道光十五年（1835年）中副榜，道光二十年（1840年）出任沔阳州判，协助知州精心修筑万胜堤，亲自上堤组织施工，堤修好后，当地的儒士和民众都很感激，立了生祠祭祀他。在湖南靖州理瑶分州任上时，曾捐廉修山路，把羊肠小道改为大道，方便了为官府军营运送军粮的民夫。他在嘉禾县做知县时，曾带领兵丁和民众守城，亲率兵勇迎敌，退敌保住县城。湖南巡抚夸他有胆有识，值得嘉奖。他离开嘉禾县时，当地民众都前来送行，有些人攀辕相送三十多里，依依不舍。

李从化，少年时聪明，有悟性，读书能通晓大义，端庄沉稳，受到老师的器重。清道光二十七年（1847年）郑州闹灾荒，他因捐赈灾食款有功，被授干戎职衔。咸丰八年（1858年），郑州受战乱波及，四郊乡里的百姓纷纷逃难入城，露宿街头。他急忙叫人在自己后院里搭建茅屋数十间，用于安置难民。恰好天又下起雨来，雨把守城人的衣服鞋子都淋湿了，他拿出自家的钱一百多缗，购买芦席，在城墙上搭一个通道棚，守城的人很受鼓舞，大家坚定信心，终于守住了城，免遭一场洗劫。后来，州里带兵的穆提督在郑州城西与敌发生遭遇战，全军覆没。李从化派人出城，掩埋战死将士的尸体，为他们修坟筑墓。大家说："文王之仁，泽及枯骨。"在他的言传身教下，他的四个儿子个个学业都很优秀，后来都考取了功名。

世居东大街的历史名人还有清道光二十九年（1849年）举人、户部主事李常华，名医沙璞、牧孔彰、魏若虚，忠孝传家的阴龙光、阴连成等。近现代以来，东大街还出了一批为家乡增光的知名人物，如黄正甫、魏云等。

## 书院街

明朝时，书院街的东段叫纸坊巷。明万历二十八年（1600年），曾在街东段路南建了一座火神庙，明崇祯十年（1637年）郑州知州鲁世任于此创建中天书院，远近来学习的士子多达千人。

中天书院建成后仅仅5年时间，创始人

清乾隆二十年（1755年）东里书院训士子文碑

鲁世任就殉国了。此后，中天书院逐渐没落。

到了乾隆十九年（1754年），时任郑州知州的安尔恭，在东大街的文庙西侧创建了郑州的另一座书院——东里书院，再次吸引了中原地区的读书人前来求学。

咸丰四年（1854年），时任郑州知州的黄见三看书院有些房舍倒塌有好几年了，就发出倡议，请社会各界捐资，修葺书院。当时建了讲堂、号舍等总共100多间高大宽敞的房屋，让青年学生在里面安心读书。康熙《郑州志》记载："纸坊巷，在南街。"光绪八年（1882年），郑州知州王成德把原在东大街文庙西、房屋已倒塌无存的东里书院改建移到此街，置于南公馆内。修建广厦数十间，让青年学生在里面学习，这街由此遂名书院街。

光绪三十年（1904年），郑州知州饶拜扬改东里书院为郑州官立中学堂，办学还是在书院街的中天书院原址上，开创了郑州现代中学教育的先河。此后，学校几度更名，从郑县县立中学、郑州市初级中学，再到私立明新中学、郑州市立高级中学。直到中华人民共和国成立后的1953年9月，学校正式更名为河南省郑州市第一高级中学，并迁出书院街，成为现在河南省最好的高中之一——"郑州一中"。原校址成立了纯招女生的郑州第八初级中学，时称"女八中"。此后又先后易名为郑州市第三中学、郑州市第十中学和郑州市信息技术学校。

书院街上，还有一处老四合院——书院街112号的郭家大院。郭家大院入院有门楼，上房有牌匾，屋顶有瓦片，清幽古朴。在商都历史文化区的建设中，包括郭家大院在内，书院街上的很多民居和古迹都得到保留。

## 唐子巷

据明万历二十四年（1595年）刻的石碑《创开义巷记》载有"糖子巷"，即今唐子巷。因为当时这里经营糖业的多，该街叫糖子巷，由于"糖"与"唐"同音，"唐"字系独体字，笔画少易写，故逐渐演变为唐子巷，沿用至今。也有一种说法，称这条街之所以叫唐子巷，就是因为路北沙家有一个做糖的作坊。

唐子巷街道不宽但很平坦，街两旁居民庭院错落有致。这里的建筑分为两类：一类是古朴风格的明清民居，青砖灰瓦、木雕门楼，让人恍如隔世；一类是20世纪五六十年代的平房，红砖红瓦红门，流露着老郑州的市井气息。

近代时，唐子巷居住的大户、老户有 6 家，巷南有王家、褚家、孟家，路北有沙家、周家和阴家。这几家都有大宅院，房屋多，人丁也兴旺。王家、沙家也曾急公好义，在巷子西头挖出一口甜水井，供大家生活所用。甚至东西大街、南大街、市府前街、书院街的居民也来这里打水，也有人推着木轮车、挑着扁担来挑水卖水维持生计，供应周边的药行、客栈、饭店。

著名书画家唐玉润青年时也曾在巷子里住过。唐玉润的父亲是一位商人，业余爱好书画，收藏了很多历代名人的墨迹及碑帖，如扬州八怪、山阴四任及晚清何绍基、张大千等画界大师们的佳作。这些作品使他从小就受到中国书画艺术的熏陶，对书画产生了浓厚的兴趣。儿时习书练画之时，如痴如迷。一次他趴在地上练字，有一个小伙伴问他："你写这么大的字干啥？"他随口答说："长大了好给人家写匾呀。"后来他勤学苦练，果然成了书画家。

20 世纪四五十年代，东大街、南大街中药材业兴起，尤其是兴起药材骡马大会以后，药材行、栈、铺等遍布周边的小巷、胡同。唐子巷里有天生源药材行、万生昌药材行等。

2016 年开始，商都历史文化区建设拉开序幕，唐子巷被列入书院街片区的改造范围，一些有价值的明清古宅被文物部门保护起来。

## 主事胡同

主事胡同虽小，名气却很大，皆因它与明清两代的两位主事有关。

明、清时中央官制基本沿用唐宋时的三省六部制。明洪武时，废中书省，不设丞相，皇帝直接处理国家政务，指挥六部。各部又设若干司，郎中为一司的长官，员外郎次之。员外郎以下设主事，官阶为正六品。一般情况下，士人考中进士后，凡录用进入中央机关的，都要分部办事，须先补为主事，政绩卓著或有功者方可晋升员外郎、郎中。部主事属于中央机关的高级官吏，既可以晋升为郎官（员外郎、郎中），也可以下派到州、县去做知州、知县。

主事胡同曾是唐子巷东头向北至东大街的一个拐，往南是一死胡同，不通纸坊巷，是一个连街上人也叫不出名的无名小胡同。明朝万历十九年（1591 年），当地有一位仗义疏财、热心公益事务的人张大维，他看到街坊邻居因此胡同向南不通而要绕道很远才能到南边的街上，就捐钱买下这块地，把这半截胡同向南打通，使小胡同直通纸坊巷，居民们为感激张大维的善行，就把这个胡同叫张家义巷。明万历二十四年（1595 年），经公众要求，郑州知府派人刻《郑州创开义巷记》石碑嵌于墙壁上，表彰张大维行善好施的义举，倡导乐善济人、急公好义之精神。从此这个小胡同就名扬郑州。

明万历三十八年（1600年），世居郑州圃田、官至户部主事、历本部广东司郎中的阴化阳迁居于此。阴化阳少年时就以勤奋好学出名，他才能超群，学问精深，曾经做过叶县县学教谕，负责文庙祭祀，教育所属生员，后以京官身份去溧阳县做代理知县，任期届满，晋升为户部主事，历本部广东司郎中。他做官期间，履行职责，政绩卓著，为官清廉，口碑很好。后来虽激流勇退，回乡赋闲，因其德高望重，街坊邻居们都很敬重他。这小胡同因有高官居住，名声逐渐大起来。

清光绪十五年（1889年），考中进士被录用为礼部主事的孟滢（1827—1905年），也把家从盐店后街搬到这个胡同。孟滢幼年勤奋上进，刻苦好学，有才气，学问又好，同治六年（1867年）考上优贡，同治十二年（1873年）中举人，光绪十五年（1889年）中进士，用为礼部主事。先前，他做过汝州、太康等县县学的教谕。后来又做过四川奉节县知县，湖北罗田县知县、云梦县知县。他能深入乡村民间访贫问苦，采取有效措施惩治害民之徒，雪民冤案。政绩卓著，民众称颂。上司嘉奖云："如此作吏，江汉之滨，可无冤民。"发出通知，要求七十余州县的知州知县向他学习。后来，他任甘肃安化知县，在任期间，创办高等小学，学校经费不足，他捐廉补助。凡是有利于当地经济社会发展的大事，

主事胡同

他都身先士卒，带着去干。

有明朝、清朝两位主事官先后来此巷安家，叫张家义巷的人渐少，叫主事胡同的人渐多，因此主事胡同的名就叫开了，这街名就一直使用到今天。

另外，在主事胡同居住、生活，以其品行、言行或作为，给这小街争光添彩的人物还有许多。

阴善继，生性孝纯宽厚。母亲年轻守寡，带着四个孩子。他是老大，善解人意，总是千方百计地为母亲排忧解难。他幼年勤奋好学，饱读经书，16 岁时考进官学。道光二十年（1840 年）中举人。他的文才和名声慢慢地传扬开来。荥阳县曾聘他去做汴源书院山长（官学的校长兼教授）。他做了三年，慕名而来投师于他的青年学子有 30 多人，他既授业解惑，又教他们如何做人。后来他设帐于家，开办私塾，他的三个弟弟就都跟他上学。不久，他的二弟阴善述在乡试中考取举人，三弟阴善元被录用为恩贡生，四弟阴善承经考试被荐为岁贡生。

光绪元年（1875 年）礼部选拔任命阴善继为睢州学正，即州里主管教育的官员。当时他年已七十，仍恪尽职守坚持做了三年，留下了好口碑。其著作有《梧竹斋诗集》《梧竹斋文集》。

阴善继的儿子叫阴玉蟠，副贡生，善书法。曾随父前往睢州学正署协助父亲做教育工作，他教书很得法，有一套自己的经验。他 46 岁时在自己家里开办私学，慕名前来求学的人很多。父子二人似化雨之春风，用心血和智慧传播知识，悉心教书育人，造福邻里和街坊。

## 博爱街

1927 年，冯玉祥做河南督军时，下令更改一批街名，平等街、博爱街、中山街、自由路等便应运而生，成为郑州商城文化的一个重要组成部分。

博爱街的南头有一座明朝时修建的火神庙，因称火神庙门、火神庙胡同、火神庙前街。清朝康熙《郑州志·街衢》载：“火神庙胡同，在东街”。民国《郑县志·建置》载：“火神庙前街，在大市口南。”

“文化大革命”期间改街名为革新街，取意革故鼎新，即破除旧的建立新的。1978 年恢复博爱街旧名。

博爱街

# 法院东街

法院街东西走向，以管城街为中轴线，西边为法院西街，东边为法院东街。

法院东街在清朝以前，西段叫贡院街，东段叫奶奶庙胡同。

贡院，是举行“院试”的考场。清雍正二年（1724年），郑州升为直隶州，郑州知州在州衙东南修建郑州贡院。贡院分东西院、乐楼，大门上方悬挂有“贡院”二字的匾额。内有龙门、龙虎亭、至公堂、明远楼，两旁建有号舍64间，供郑州、荥泽、荥阳、河阴、汜水5县童生前来应试时用。乾隆四年（1739年）因雨水多，贡院的房舍几乎都倒塌了，知州张钺捐资重新修葺。乾隆七年（1742年）又并入禹州、密县、新郑等3县，总共有8个县的童生来郑州贡院合棚考试。凡是考试合格，获得被录取进入省（州）立官学读书资格的，叫“庠生”，即民间通常说的“秀才”。

街名为奶奶庙胡同，是因为街上有座送子奶奶庙。生子延嗣是百姓心目中的大事，因此旧时郑州城内市民来烧香求子的人很多。

民国时期，因郑县法院建立，坐落在西边的三官庙胡同，改法院所在的街为法院西街。这条街因与法院西街相对，所以就叫法院东街，代替了原先奶奶庙胡同和贡院街的称谓，一直沿用至今。

# 经济发展

从唐代夹路都有店肆待客，酒食丰足的热闹街市，到20世纪二三十年代全国药商云集的郑州药材骡马大会，东大街街道曾经有过繁华的商业时期。

在经历了几十年沉寂后，2000年东大街升级改造，两边高楼大厦拔地而起，楼宇经济和黄金珠宝经济渐成特色、初具规模、品牌荟萃，街道经济快速发展。

# 发展历程

郑州东西大街，初建于唐武德四年，自建成后就是郑州的主干道，连通着郑州的东西城门，是人们东来西去的必经之路，街市到处车水马龙，热闹非凡。

20 世纪二三十年代，经营大宗中药材的药行药栈集中于南大街、东大街一带，从 1931 年起，在郑州塔湾和东大街一带开始举办一年一度的郑州药材骡马大会，每逢会期，更是全国药商云集，交易活跃。

中华人民共和国成立后，国家开始实施“一五”计划，加快工业发展速度，1950 年，以营建大中型水利水电工程为主营业务的河南省水利第一工程局在辖区组建，该局承建了河南省部分重要的市政公用工程、公路工程、机电设备安装工程、堤防、河道疏浚及管道安装工程等。

五六十年代，为解决辖区居民就业和收入问题，街道支持辖区居民兴办小型工业企业、商业门店、餐饮服务业等。这一时期，郑州市瓦楞制箱厂、郑州市文化用品厂、郑州市第二皮鞋厂、郑州市房管局材料厂、郑州市第四木器厂等工业企业在辖区兴办。

60—80 年代，郑州市纺织业飞速发展，被称为“全国六大纺织基地”之一。和纺织业相关的工业企业在郑州陆续发展起来，1951 年，郑州市针织厂在东大街辖区内创建，经过发展，80 年代，郑州市针织厂成为河南省规模最大的袜子专业生产企业。

1997 年底紫荆山路打通，改善了辖区投资环境。2000 年初，随着二七商圈的崛起，东大街进行升级改造，街道两边高楼大厦拔地而起，楼宇经济开始发展。根据郑州市总体规划，郑州东大街被打造成为传统商业文化街，辖区商业逐渐发展。

从 2007 年起，街道把招商引资作为促进街道经济发展的重要突破口，充分利用街道地处紫荆商圈、旧城改造的优势，大力发展了辖区楼宇经济、房产经济、特色产业经济。

2011 年，楼宇经济和总部经济创造的税收占到街道税收总额的 70% 以上，成为辖区重点街道经济；中原国际黄金珠宝交易中心项目完工，黄金珠宝经济发展成为街道产业特色经济。

2012 年，河南六建集团工程有限公司落户辖区，壮大了街道总部经济力量；中原珠宝城、铭心珠宝等专业黄金珠宝楼宇的发展，吸引了 80 多家黄金珠宝首饰批发销售企业入驻。

2015 年，辖区黄金珠宝产业经营面积 8 万平方米，专业交易市场 4 座，从事黄金珠宝批发销售的企业近 200 家。成立了郑州黄金珠宝文化创意产业发展服务中心，为黄金珠宝企业提供产品展示、人才培训、小额贷款、网络信息等专业服务和支持。

紫荆商圈

中国黄金
7:00-9:00
17:00-19:30
Fresh Queen

中原珠宝城

**东大街街道 2009—2018 年生产总值及财政收入统计表**

| 年份 | 生产总值 / 万元 | 固定资产投资 / 万元 | 消费品零售额 / 万元 | 财政收入 / 万元 |
|---|---|---|---|---|
| 2009 | 138811 | 74766 | 27444 | 4112 |
| 2010 | 154955 | 97863 | 34422 | 5435 |
| 2011 | 189699 | 104726 | 41065 | 6137 |
| 2012 | 196107 | 149428 | 47250 | 6159 |
| 2013 | 240924 | 155057 | 52019 | 7099 |
| 2014 | 255644 | 195065 | 49545 | 7320 |
| 2015 | 305934 | 94514 | 64301 | 7072 |
| 2016 | 302936 | 85940 | 69445 | 10945 |
| 2017 | 309588 | 138000 | 72808 | 13099 |
| 2018 | 406361 | 91000 | 80254 | 15217 |

2016 年，发挥紫荆山东大街黄金十字架的地理优势，做活以商招商文章，及时搜集、盘点辖区闲置楼宇、地块信息，建立楼宇经济信息平台，辖区入驻企业达到 600 余家。

2018 年，辖区生产总值为 406361 万元，固定资产投资为 91000 万元，社会消费品零售总额 80254 万元，财政收入 15217 万元，楼宇入驻率 97%，楼宇税收 8890 万元。辖区城市建设、管理日趋完善，经济繁荣区渐成雏形，经济递增速度位居全区第一。

## 招商引资

2008 年，辖区招商引资省内资金 2800 万元。

2009 年，辖区完成招商引资 9200 万元。

2010 年，辖区完成招商引资 9200 万元。引进 3 家企业入驻，分别是投资 5000 万元的河南惠发医药连锁有限公司、投资 1200 万元的河南汉王珠宝有限公司及河南两岸早教中心。

2011 年，辖区完成招商引资 25491 万元。引进中原国际黄金珠宝交易中心项目，90 余家商家签订入驻协议。

2012 年，辖区完成招商引资 26691 万元。引进招商项目 3 个，到位资金 2.66 亿元，分别是投资 1.5 亿元的中原珠宝城、投资 1 亿元的百丽连锁经营和投资 1200 万元的郑州中大中医肝病医院项目。引进河南六建集团工程有限公司落户辖区。

2014 年，辖区完成招商引资 47168 万元。

2015 年，辖区完成招商引资 31040 万元。

2016 年，辖区完成招商引资 36993 万元。

2017 年，辖区完成招商引资 36900 万元。

2018 年，辖区完成招商引资 39800 万元。

# 工　业

## 河南省水利第一工程局

河南省水利第一工程局位于紫荆山路，组建于 1950 年，其前身是河南省治淮总指挥部。该局以营建大中型水利水电工程为主，同时承建市政公用工程、公路工程、港口与航道工程、机电设备安装工程、工业民用建筑工程、基础处理、堤防、河道疏浚及管道安装等工程，是具有综合施工能力和丰富施工经验的国家一级施工资质施工企业及相应等级安全资格的施工企业，是 ISO 9001 国际质量体系认证企业。

2003 年，该局有各类主要施工机械设备 1882 台（套），总功率 6.8 万千瓦；注册资金 6000 万元，固定资产 7394 万元，流动资金 9896 万元，总资产 1.7 亿元。有职工 2417 人，拥有各类专业技术人员 506 人。是年企业生产能力为：土石方 400 万立方米，输水管道安装 60 千米，工业民用建筑 3.5 万平方米，金属结构及机电设备安装 700 吨，年施工产值 3.5 亿元以上。

2003 年，河南省水利第一工程局搬至郑东新区安平路 77 号。

截至 2018 年，该局有各类主要施工机械设备 2240 台（套），总功率 6.8 万千瓦；注册资金 11000 万元，固定资产 19772 万元，流动资金 10276 万元，总资产 28850 万元。有职工 2423 人，拥有各类专业技术人员 1020 人。生产能力为土石方 600 万立方米，混凝土浇筑 20 万立方米，工业民用建筑 10 万平方米，河道疏浚 500 万立方米，大型输水管道 300 千米，年施工产值可达 7 亿元。

该局先后建成了信阳南湾、南阳鸭河口、平顶山昭平台、白龟山、洛阳陆浑、驻马店板桥与杨庄等大中型水库 18 座；承建了大型灌溉工程 4 处、水电站 10 余座、大型蓄洪滞洪工程 7 处；承建北京飞机场跑道，某国防军用机场，102、104 大型广播电视工程等国家重点工程。

## 郑州市针织厂

郑州市针织厂位于城东路 43 号，创建于 1951 年。

1956—1958 年，经合并调整，把全市袜子、内衣、毛巾等针织行业的手工业合作社合并在一起，定名为地方国营郑州市针织厂。购入电动织袜机、内衣棉毛机等设备，1960 年，该厂共生产袜子 25.68 万双、内衣 17.88 万件、毛巾 360.6 万条。

1979 年以后，为了提高专业化生产水平，郑州市针织厂根据产品分类划分为两个企业：毛巾床单产品分离出来，成立了毛巾床单厂；袜子、针织内衣仍归针织厂生产。

郑州市第一建筑工程有限公司《郑州年鉴·1999》

20世纪80年代，郑州市针织厂成为专业生产袜子的企业，生产的棉袜、锦纶丝袜、高弹袜、运动袜及各种原料混纺交织的花袜很受欢迎，并被外贸公司选为出口商品，成为河南省规模最大的袜子专业生产企业。

1986—1990年，郑州市针织厂扩建了厂房，引进日本双针筒织袜机、高速无跟袜机、全自动缝袜头机等设备，提高了各环节的自动化生产程度，提高了产品产量、质量。该厂生产的尼棉交织花袜、锦纶少孔丝花袜、弹力三吃花袜曾获纺织工业部优质产品奖，“海鸥”牌弹力花袜获省优质产品奖，1995年高弹维棉袜被评为市优秀新产品奖。产品销往国内20多个省、市、自治区，还出口到欧洲和美洲许多国家。

90年代后，企业转向亏损，1991—1995年累计亏损1240万元。截至1996年5月底，工厂负债总额4135万元，负债率171.8%。

1996年8月，郑州市管城回族区人民法院依法裁定郑州市针织厂破产，破产时有职工887人，其中在职720人，离退休167人，有各种袜机246台。随后被郑州市国有资产监督管理委员会收购。

## 郑州一建集团有限公司

郑州一建集团有限公司公司成立于1951年4月，是当时郑州市唯一的国有建筑施工企业。

2002年7月，该公司自金水路49号迁至紫荆山路91号。

2003年，公司拥有固定资产5000万元，流动资金4500万元，大、中型机械设备700台（套）。员工2600余人，其中高、中、初级各类专业职称的技术人员470多人。

2004年6月30日，公司在完成建立现代企业制度股份制改造后，经郑州市工商局批准，注册成立了郑州市第一建筑工程有限责任公司。公司有在职职工418人，其中80%为管理人员和技术工人。

2007年2月，国家建设部批准该公司为房屋建筑施工总承包特级企业，2007年12月13日，公司名称变更为郑州市第一建筑工程集团有限公司。

2017年，公司获得市政公用工程施工总承包特级及市政行业设计甲级资质。入驻位于郑东新区龙子湖智慧岛的办公大楼。

2018年，公司拥有固定资产4.41亿元，流动资金6.88亿元，大、中型机械设备180台（套）。员工3000余人，其中高、中、初级各类专业职称的技术人员1800多人。

2019年，公司更名为郑州一建集团有限公司。集团公司拥有子公司、分公司26家，产业涉及市政设计、轨道交通、装配式生产、投资担保、劳务管理、试验检测、水电安装、设备租赁等。集团公司凭借专业的市场化运作，使公司的业务由郑州市扩展到省内外。承建了一大批包括郑州二七纪念塔、郑州市政府、郑州市博物馆、京广快速路等经典地标性建筑。承建工程遍布全省18个地市及内蒙古、安徽、广东、四川等多个省区。

集团公司现为建筑工程、市政工程施工和设计一体的施工总承包“双特双甲资质”建筑企业，全国首家民营“建筑和市政双特双甲”建筑企业。集团公司产业涵盖建筑工程、市政工程设计与施工，轨道交通建设，建筑工程装配式设计、制造、施工一体化，钢结构设计、制造、施工一体化，商混凝土，劳务输出，设备租赁，物业管理，房地产开发，项目投资等领域。

## 郑州市瓦楞制箱厂

20世纪50年代，郑州市生产自救印刷装订生产组成立，设有两个班组，1958年7月，两个班组分成两个独立核算的单位，其中的郑州市二七区社会福利纸盒厂成为郑州市瓦楞制箱厂的前身。是年，该企业位于郑州市延陵街，厂房为不足100平方米的几间老式民房，

东大街老照片——1984年的瓦楞制箱厂正门

东大街老照片——瓦楞制箱厂 1958 年建厂初期的生产方式

东大街老照片——瓦楞制箱厂 1984 年底的运输工具

企业只有 32 人，由退伍军人、残疾军人、军烈家属、社会困难救济户、孤寡老人组成。企业仅有一台人力搅动的裁纸机，产品只有“郑州市食品厂半斤装饼干盒”，截至 1959 年年底，企业盈利 7 万多元，人员增加至 173 人。

1963 年，职工增加至 246 人。1964 年，厂名改为地方国营郑州市社会福利纸盒厂。1966 年，企业在管城区书院街 115 号建成 5331 平方米新厂址并实现搬迁，厂名改为地方国营郑州市瓦楞制箱厂，生产方式由“单一手工操作，个人出成品”改为“半机械化或机械化生产，多人联合出成品”，产品由以纸盒为主改为纸箱为主。企业工业总产值达到 235.7 万元，由一个生产自救性小组发展成为一个能独立承做各种纸品包装产品的企业。

1978 年十一届三中全会后，企业实行逐级承包责任制的经营方法。随着郑州城区发展，企业经营情况下滑，2006 年 6 月改制。2016 年因原厂址被列入商都历史文化区征迁区域而被拆除。

## 郑州市文化用品厂

郑州市文化用品厂创建于 1956 年，位于商城里 1 号，属集体小型企业。厂区总面积 1.2 万平方米，固定资产 164 万元。曾分东西两厂，东厂名为第二变压器厂，位于市区东大街商城里 1 号，主要生产电力 s9 型变压器；西厂位于南大街南门西拐 4 号，主要生产天安门牌和钻石牌高级蓝墨水、中文牌碳素普通墨汁和书法墨汁以及双鹤牌、白鲸牌浆糊、胶水等产品。1999 年有职工 203 人。2008 年，进入企业改制程序。

2012 年，郑州市文化用品厂被管城回族区政府收购。

### 郑州市第四木器厂

郑州市第四木器厂位于书院街 69 号，创建于 1957 年，集体小型企业。占地面积 6200 平方米，建筑面积 7000 平方米，固定资产 167.8 万元。主要生产办公家具系列产品。1988 年，该厂固定资产 133 万元，职工 244 人；1990 年，该厂生产木制家具 1 万件；1999 年，有职工 97 人，完成产值 86.1 万元；2008 年，因为设备老化等原因，企业停产。2013 年，原厂址被政府收购后建设了创新街小学。

### 郑州市保险器材厂

郑州市保险器材厂位于商城路 68 号，原为北下街办事处，属集体企业，创建于 1987 年。占地 1500 平方米，厂房面积 680 平方米，注册资金 58 万元。主要设备有空压机、剪板机、点焊机、折边机、车床、冲床等。主要生产保险柜、文件柜、档案柜等产品，兼营机械加工。

1990 年，创产值 158 万元，实现利润 18.5 万元，税金 18.3 万元。1997 年，该厂开发的 GDB-105 型电脑保险柜获郑州市科技进步奖。

2008 年 10 月 31 日，郑州市保险器材厂经评估的资产总额为 1126.33 万元，整体转让给河南众兴置业有限公司。

## 商贸服务业

东大街自建成后，逐渐发展成为街道两侧遍布各种店铺的商业街。到 20 世纪二三十年代，东大街西段集聚了各种手工业作坊、商业店铺、小饭店、酒馆、旅店等商铺。随着火车站地区的发展和繁荣，郑州商业发展辐射东大街，东大街两侧沿街商铺较为集中。20 世纪末，随着紫荆山路的开通，东大街的升级改造，东大街两侧沿街商铺也随之升级改造。截至 2018 年，辖区沿街商铺共有 300 余家，对辖区的经济发展起到了一定的作用。

## 郑州药材骡马大会

1898—1906 年，陇海、京汉铁路相继通车，郑州成为中原地区的重要商埠，药材交易一度十分兴隆，以南大街为中心，东大街、西大街以及南关开设了很多经营中药材的行栈。

从 1931 年起，根据一些乡绅和药行老板提议，在原眼光庙会的基础上兴办药材骡马大会，起初人们习惯称其为“眼光庙会”，后被称为郑州药材骡马大会。会期分春秋两季，时间各一个月。春季会从农历三月初一开始，会址在东大街一带；秋季会从农历十月初一开始，会址在南关一带。

为招揽客商，大会期间定有豫剧、曲剧、越调三台大戏，连演一个月。会间以药材、骡马交易为主，禹州、汉中、邯郸等南北药材商人，漯河、周口各地骡马商人都赶来交易。此外，粮油果蔬、百货布匹、金银首饰、农具杂货、鸡鸭猪羊等各种产品都有专设交易场地，买卖兴旺，盛况空前。抗日战争爆发后，大会一度中断，1950 年恢复，会址、会期不变。

20 世纪 50 年代中期，随着辖区城市化进程，郑州药材骡马大会不再举办。

## 中药铺

民国时期，东大街上药材生意一度很红火，当时东大街上设有一些药材行和中药铺。其中“天芝堂”中药铺位于东大街西口路南，为明代崇祯年间从陕西迁至辖区，“前店后坊”，前面卖药，后面设立作坊，切、晒、炮、炙加工成药，以经营饮片为主，兼制丸、散、膏、丹，店里药品多达 600 种以上，每天卖出中药 100 多服，是清末至民国初年辖区较为出名的中药铺。“义和堂”中药铺也设在东大街，规模、名声和“天芝堂”中药铺不相上下。除此之外，东大街上的药材行有豫兴隆、公义行、康泰、普庆长、公茂等。

## 黄金珠宝业

2007 年，东大街街道办事处引进辖区第一家黄金珠宝企业入驻裕鸿花园，随后一些国内大型黄金珠宝企业陆续入驻辖区楼宇。

2010 年，投资 1200 万元的河南汉王珠宝有限公司入驻辖区楼宇。

2011 年，位于紫荆山路与东大街交会处的中原珠宝城开业，有 90 余家商家签订了入

黄金珠宝业　马健　摄

驻协议，成为继北京、广州之外的全国第三大黄金珠宝产业基地。

2013 年，辖区商务楼宇内从事黄金珠宝批发销售的企业 74 家，其中中原国际黄金珠宝交易中心近 50 家，裕鸿花园 20 家，福华大厦 4 家，其中 1 家（河南一心珠宝有限公司）经营规模大，经营场地为 1 层。

2014 年，辖区新增黄金珠宝交易面积 12300 平方米。

2015 年，位于紫荆山路裕鸿花园 B 座的金多银多广场开业，总面积近 2 万平方米，紫荆山路与东大街交会处形成以中原珠宝城、金多银多广场等黄金珠宝产业作为支柱产业的“黄金十字街”，黄金珠宝产业成了东大街街道办事处的特色经济。是年，辖区从事黄金珠宝批发销售的企业 171 家，其中中原珠宝城 100 家，裕鸿花园 18 家，福华大厦 4 家，金如来珠宝城 46 家，东大街沿街门店 3 家。为了规范黄金珠宝行业经营秩序，辖区内设有河南省金银珠宝检测站、河南省质量技术监督局鉴定中心等多家检测机构。

截至 2018 年年底，辖区从事黄金珠宝批发零售的企业 271 家，其中中原珠宝城 100 家，金多银多珠宝广场 100 家，裕鸿花园 18 家，其中裕鸿 B 座主要是从事黄金珠宝批发零售的大型企业，有很多家企业经营场地占据 1 层，福华大厦 4 家，金如来珠宝城 46 家，东大街沿街门店 3 家。

辖区黄金珠宝产业入驻有中国黄金、铭心珠宝、周大生等知名品牌；涉及黄金、铂

东大街沿街商铺林立

东大街老照片——郑汴路汽车客运站

金、白银、珠宝、玉石等多个品种；涵盖镶嵌、包装、检测、设计等多个领域；年销售额近 150 亿元，集中了郑州近七成的珠宝交易量，客户辐射周边的山东、河北、山西、陕西、湖北、内蒙古等地。

## 交通运输业

郑州市郑汴路长途客运汽车站位于郑汴路 75 号，成立于 1995 年 5 月，是东大街街道所属行政村——书院街村的村属企业，也是郑州市唯一一家集体所有制长途客运汽车站，资质为二级客运站。

1995 年，汽车站占地面积 2 万多平方米，因建设变电站，扩路等原因占用汽车站 1 万多平方米，截至 2018 年，郑汴路长途客运汽车站占地面积 1 万平方米，其中发车位、待发车位面积 9030 平方米，候车厅、办公区域、司乘人员休息室面积共 930 平方米。汽车站有管理人员 20 人，职工 116 人。营运线路 28 条，进站车辆 236 台，日发班次 210 余班，日客流量 3000 人左右，主要承运省内豫东、豫东南方向的旅客，发往豫东北、豫南、豫西南的车辆日发 40 多班。

# 民俗风情

东大街有浓厚的民俗文化底蕴，民俗文化活动丰富多彩，有热闹非凡的文庙庙会、喜气洋洋的春节、张灯结彩的元宵节、祭祖踏青的清明节、纪念屈原的端午节等各种节庆纪念活动，在营造辖区和谐氛围、提高社区居民思想道德素质的同时，也促进了民俗文化的传承发展。

# 礼仪风俗

## 婚嫁礼俗

纳采即提亲。虽然现今多是青年男女自由恋爱而结婚，但有些青年还需要媒人在中间牵线搭桥，即便是自由恋爱，多数也要请媒人象征性地走一下提亲过场。

问名，旧时，男方行纳采礼后，再托媒人询问女方的出生年月及时辰，以便男家“合八字”，决定吉凶如何，成婚与否。现在，问名范围扩展到职位、财产以至容貌、健康等多方面。

古时的纳吉现在称之为订婚。男女交往一段时间后，相互满意就可以定亲了。举行订婚仪式的日子一般选双月双日。在城市，一般是双方父母见面，商谈孩子结婚的大概时间及婚礼的一些具体事宜，同时男方父母送给准儿媳红包和一些衣物，亲事就算定下了。

纳征亦称“纳成”，即男家往女家送聘礼，又叫送彩礼。

请期俗称“看个好儿”或“定日子”。“看好儿”就是选定结婚的好日子。吉日选定后，男方把测定的吉日写在红纸条上，男方一位长辈送到女方家里（“送好儿”），同时商议筹办婚庆典礼的具体事宜。“送好儿”时间上有讲究，一般是双月双日。

亲迎俗称“迎亲”。辖区有“迎新娘不回头、正午以前拜花堂”的说法。“不回头”是说“结婚不走回头路”，去娘家迎亲和回男方家的路线不能完全重复。青年男女结婚的典礼仪式一定要在中午 12 点之前举行才算大吉大利。

婚礼三天后，新人看望娘家父母，也称“归宁”。经过一系列的仪式活动，双方的姻亲关系才算正式确立，得到公认。

随着辖区社会经济的发展，现在的婚俗礼仪逐渐向简洁新颖的方向演变，婚礼、待客大多在酒店举行，此外，旅行结婚、参加集体婚礼等成为一种时尚。

## 丧葬礼俗

中华人民共和国成立前，辖区的丧葬程序非常繁琐。中华人民共和国成立后，辖区破除封建迷信，丧葬习俗也逐步趋向简化。20 世纪 90 年代以来，辖区居民去世后全部实行火葬，在殡仪馆举行追悼会，送花圈、挽联，以佩戴黑纱白花代替披麻戴孝。

# 节日习俗

## 传统节日习俗

**春 节** 作为中国第一大传统节日，辖区居民从腊八“吃粥”到正月十五“闹元宵”，历时一个多月，春节期间的活动众多，内涵丰富，充分体现出人们“祈福纳吉”的美好愿望。

守岁、包饺子、贴春联、拜年等已成为辖区居民欢度春节的共同习惯，孩子们喜欢过年，不仅能领到压岁钱，还能游公园、去郑州文庙赶庙会等。尤其是春节期间，辖区书院街的狮子舞，在古老的郑州民间游艺中是一个精彩的节目，很出名，得到历代郑州人的喜爱。一到演出，看狮子舞的百姓人山人海。

随着社会的进步和发展，过春节的习俗发生了很大变化。进入新时代，除夕之夜全家在一起，由过去闲聊壮胆、熬夜守岁转变为收看春节联欢晚会或进行其他娱乐活动。初一拜年，由过去晚辈给长辈磕头，给远方好友写信问好转变为通过电话、短信、微信、视频等形式送祝福。许多家庭的年夜饭也改在酒店，春节期间外出旅游的人也越来越多。

近年来，传统文化在辖区重新焕发光彩，狮子舞、旱船舞、文庙祈福等在春节期间轮番亮相，热闹非凡。

**元宵节** 20 世纪 90 年代以来，元宵节的活动越来越丰富多彩，城市公园举行灯会，展示各种彩灯，造型新奇，千姿百态。举办有奖猜灯谜活动，启迪青少年智慧，深受居民的欢迎。东大街街道办事处在每年的元宵节组织民间汇演，更是热闹非凡。

闹元宵 袁晓强 摄

**清明节** 清明节是祭奠亲人的日子。殡葬改革后，清明节到郑州烈士陵园缅怀英烈成为一种新的习俗。清明期间，辖区来自社会各界的群众以不同形式追思心中的英雄，或敬献花篮祭奠先烈，或默哀冥思追忆峥嵘岁月，或重温入党誓词寻找初心梦想，或举行入队入团仪式做好社会主义接班人。

**端午节** 端午节始于春秋战国之际，已有2000多年的历史。为纪念屈原，辖区形成了炸糖糕、炸菜角、包粽子等习俗。同时，端午节自古以来就是民间一年一度的“卫生防疫节”，人们在这一天都要打扫庭院、悬白艾、饮雄黄酒。

**七夕节** 七夕节又称“乞巧节”“女儿节”，在旧时，是女孩向织女乞求心灵手巧、生活幸福的日子。

“七夕节”成为中国人的情人节，源自大家熟知的“牛郎织女”这一浪漫的爱情故事。进入新世纪以来，到了这一天，辖区的青年男女成双成对外出吃饭、看电影、逛公园，浪漫过节。

**中秋节** 农历八月十五为中秋节。吃月饼、祭月、赏月是节日的主要传统习俗。在八月十五晚上，辖区居民对着天上皓月，边吃月饼边赏月，寄托情怀。

**重阳节** 辖区居民在重阳节有登高、赏菊、饮菊花酒等习俗。登高除了避祸消灾之外，还有年轻人步步高升和老年人高寿的含意，所以重阳节又称“登高节”“老人节”。

在几乎人人忙碌的现代社会，重阳节是秋高气爽的时节，辖区很多居民带着家里老人和孩子离开喧闹的都市，登高远望，休闲健身。

博爱街社区端午节包粽子　董源　摄

东大街志愿者重阳节慰问老人

**冬　至**　旧时人家过冬至，多吃饺子，民间有“冬至饺子夏至面”的说法。辖区至今仍沿袭这一习俗。

## 新兴节日习俗

辖区居民除了过传统的农历节日外，还过许多公历节日。

**元　旦**　1月1日为元旦。辖区在元旦期间举行各种庆祝活动迎接新年的到来。

**五一国际劳动节**　5月1日为国际劳动节。这是纪念国际工人阶级争取解放的节日。也是赞美劳动、赞美广大劳动者的世界性节日。

新中国成立以来，国家将5月1日定为法定的劳动节。每年的这一天，举国欢庆，人们换上节日的盛装，兴高采烈地聚集在公园、剧院、广场，参加各种庆祝集会或文体娱乐活动，并对有突出贡献的劳动者进行表彰。

**五四青年节**　5月4日为中国青年节。这是为纪念“五四”运动而设立的节日。1919年爆发的“五四”运动，是一场彻底反帝反封建的爱国运动，拉开了中国新民主主义革命的序幕。

元旦文庙活动

辖区居民庆国庆

每到5月4日，辖区党政机关、企事业单位号召辖区年轻人要做有为青年，尤其是党的十八大以来，辖区号召青年要从现在做起、从自己做起，使社会主义核心价值观内化于心，并身体力行将其推广到全社会去。

**六一国际儿童节**　辖区学校、幼儿园在6月1日举行丰富多彩的青少年儿童文艺演出，庆祝孩子们的节日。东大街街道办事处组织辖区少年儿童开展“我运动、我健康、我快乐”迎六一亲子运动会、庆“六一”亲子读书等活动。

**七一建党纪念日**　7月1日，为中国共产党建党纪念日。中国共产党的成立是一件开天辟地的大事，从此，在古老的中国大地上出现了以马克思主义为行动指南的中国工人阶级政党。

每到7月1日，街道组织党员志愿者进社区、企业等开展义务劳动，清扫街道，捡拾河堤垃圾，营造美好生活环境，树立党员形象，发挥党员的带头作用。

**十一国庆节**　10月1日为中华人民共和国国庆节。辖区居民用不同形式庆祝祖国的生日。党的十八大以来，辖区国庆节期间自驾游或出国游的居民也越来越多。在国庆节这一天举行婚礼成为辖区年轻人的一种潮流。有的新人自己办酒席，宴请亲朋好友；有的新人在这一天参加集体婚礼，与别的新人一起举办婚礼，既省钱又有意义。

# 特色文化活动

## 狮子舞

旧时，民间艺人进入腊月就要开始集中排练、准备道具，春节期间演出好多天。狮子舞的狮子主要是行动敏捷、威武有力的雄狮。狮子头主要用竹子和布做成，狮子皮用布、麻做成，狮子头上挂铜铃，双脚和嘴都可以自由活动。

狮子舞表演人数一般有 7 ~ 8 人，5 人敲锣打鼓，伴奏乐器有大锣、小锣、鼓、镲等，2 人舞狮。表演时，两人合扮一头狮子，前者双手握住戴在头上的狮头道具，后者身披狮皮，俯身双手抓住前者的腰带。前半段演出，先表现狮子的活泼神态和喜欢嬉戏的性格，通过演员的肢体活动，来表现狮子“搔痒”“舔毛”“打滚”“抖毛”“啃爪”等习性动作。后半段，狮舞开始运用技巧，表现狮子威武的神态，常与武术、杂技动作相糅合，表演高难动作，比如上刀山、叼花、吞球、摇头、摆尾等，形状逼真，动作粗犷豪放。

狮子舞

## 划旱船

旱船是用竹子和铁丝扎成一个中空的船形，周围用彩绸、花纸围起来，用绸带系在舞者的腰间。旱船除 1 人坐船外，另有 1 人撑篙，1 人划桨，扮成船夫。表演时的主要形式有“跑场”“亮相”“舞把”“拨水”“卧船”“划桨”“撑篙”等。坐船者与撑船者密切配合，表演各种划船的动作和姿态，惟妙惟肖。

坐船的都是男青年，但都要化上浓妆，男扮女装，才有滑稽的效果。庙会的时候一演出，一街两巷站的都是看热闹的人。

## 踩高跷

高跷舞的表演是用高 1 米左右的两根木棍，中间固定一根 20 厘米的横板棍，演员脚踩在这横棍上，用绳子把大棍上半部分和横棍绑在腿上行走，俗称踩高跷。高跷一般以舞队的形式表演，舞队人数十多人至数十人不等；舞者扮演某个古代神话或历史故事中的角色，服饰多模仿戏曲行头；常用道具有扇子、手绢、木棍、刀枪等；舞队边舞边走各种队形图案，多男女对舞，有时边舞边唱。

旧时演员扮演的有渔翁、媒婆、傻公子、小二哥、道姑、和尚等人物。随着时代的变迁，高跷扮演的人物多是中国传统戏曲和民间故事里的人物形象，如《三国演义》里的刘备、关羽、张飞和诸葛亮；《西游记》里的唐僧、孙悟空、猪八戒、沙和尚；还有济公和

划旱船

尚、小神仙和《八仙过海》里的吕洞宾、何仙姑等八仙人物形象。新中国成立后，将工、农、兵、学、商以及表现计划生育等有时代气息的人物搬上了高跷。

## 祭孔典礼

近年来，每逢 9 月 28 日，郑州文庙就会举行祭孔典礼。

典礼开始后，几位头梳汉代发髻、一柄玉簪斜插发中、身着汉服的女子广袖舒卷，十指抚琴，缓缓奏出《昭平之乐》，主祭人、献官、执事一行踏过红地毯，站立于孔子圣像右侧。一番致词后，主祭人整理衣冠、洗手后于孔子香案前上香鞠躬，这便是传统祭孔最重要的仪式——三献礼。鞠躬作揖时男士左手在前右手在后，女士反之。所谓“三献”，即初献、亚献和终献。

初献帛爵，帛是黄色的丝绸，爵指仿古的酒杯，由正献官将帛爵供奉到香案后，主祭人宣读并供奉祭文，而后全体参祭人员对孔子像五鞠躬，齐诵《孔子赞》。亚献和终献即献香献酒，分别由亚献官和终献官将香和酒供奉在香案上，程序和初献相当。半个小时过后，三献礼结束，各参祭者对孔子行五拜礼，名为一拜自强不息、二拜厚德载物、三拜精忠报国、四拜孝亲尊师、五拜共促大同。

文庙祭孔典礼

# 方言土语

瓦：跑啦

咋：干啥

抽：尺子

撬：茄子

捞：辣椒

燕儿：昨天

鸡儿：今天

明儿：明天

后儿：后天

究：鸡子

药：一个

牙：人家

着：知道

悦：院里

威：屋里

桌：桌子

有：椅子

超：小车

小：男孩

妞：女孩

没或：没有

擦黑儿：傍晚

低脑：脑袋

簿、脖儿梗：脖子

肩磨头：肩膀

脊梁：脊背

圈起：关闭

肘：往上举

扳、撂：扔掉

咕蛹：爬动

薄气：刻薄、不厚道

歇晌：午睡

扒拉：吃饭

麻嘎：喜鹊

小虫：麻雀

老鸹：乌鸦

长虫：蛇

砍刀：螳螂

诓人：骗人

不拾闲儿：闲不住

嚼舌：搬弄是非

口舌：争吵、拌嘴

咋呼：说话声大、响亮

不沾板：不沾边

吓唬人：恐吓，诈骗，威逼

编圈：设圈套、糊弄人

熬头儿：指望、苦等

# 教科文卫

东大街街道办事处作为郑州市老城区的一部分，有着千年的文化积淀。辖区有郑州市办学历史最早的小学和中学，百余年来，为郑州市培养出了大批人才。

辖区成立有科普大学，依托科普大学先后成立了合唱队、舞蹈队、健身操队，广泛开展各种科普、文艺活动。文艺团队多次参加郑州市、管城回族区举办的活动并获得奖项。

辖区有成立70余年的郑州市第一人民医院，医疗设备齐全，是一所集医疗、教学、科研、预防、保健、康复于一体的综合性国家“三级甲等”医院。

街道先后开展“话邻里关系，树道德新风”“结伴读书 快乐分享”“道德宣传主题实践教育”等活动，辖区居民道德素质得到提高，文明程度得到提升，人居环境和谐、稳定。

# 学校教育

## 创新街小学

创新街小学前身是河南省会开封第二小学，始建于 1928 年，随后易名为河南省立第十三小学。抗日战争时期，全校教职员工曾流亡河南省西南各县及陕西西安等地。抗战胜利后返回开封复课，旋迁杞县。1947 年再来郑接办郑县维新镇第二小学（即前郑县县立第七小学）。1948 年郑县解放，随郑县改制，又改为郑州市第二完全小学。新中国成立后以街道命名，改为郑州市关岳庙小学。1967 年 12 月随街道易名，改为郑州市创新街小学，并延续至今。

解放后，学校各方面不断发展。班级数、学生人数、教职工人数、学校场地、校舍面积都有增加。1948—1958 年，学校由原 7 个班增至 18 个班，在校学生数达到 600 余人，1960 年增至 20 个班，学生 800 余人；1991 年将原东大街第二小学并入，学生人数达到 1200 余人，教学班达到 22 个。学校面积原有 3000 余平方米，除“文化大革命”时期有增减外，1991 年达到 12000 余平方米。2001 年，由区政府和区教育局、文体局联合，共

创新街小学　马健　摄

创新街小学庆国庆

同迁至古商城墙下的书院街，学校总占地面积 12998.7 平方米，总建筑面积 9136.4 平方米，学生人数 2000 多人，教学班达到 31 个，教职工 83 人。

学校现有 59 个教学班，在校生 3420 名，专职教师 155 名。其中河南省骨干教师 7 人，郑州市骨干教师 9 人，管城区骨干教师 18 人；河南省名师 1 人，郑州市名师 2 人，管城区名师 5 人；管城区杰出教师 2 人、终身名教师 1 人。学校在 90 余载的办学历史中积淀了深厚的文化底蕴，先后获得全国红旗大队、河南省示范性学校、河南省绿色学校、河南省依法治校示范校、河南省德育实验学校、河南省青少年科技教育示范学校、郑州市标准化学校等称号。

创新街小学是我国著名军旅作家魏巍先生的母校，现在的校名就是魏巍先生 1985 年春回母校时亲笔题写的。

## 郑州市第四十五中学

郑州市第四十五中学位于城南路 176 号，北倚古老的商城遗址，南靠横穿城市东西的熊耳河。学校始建于 1974 年，曾经是初、高中并存的完中，1989 年改为初级中学。

学校占地面积 16.7 亩，现有 24 个教学班，1100 余名学生，在职教师 94 人。中学高

郑州市第四十五中学老照片

郑州市第四十五中学校园

级教师 31 人、一级教师 36 人，省优秀教师 4 人，省、市级学术技术带头人 11 人，省、市级骨干教师 19 人，郑州市名师 1 人，郑州市专业技术拔尖人才 1 人，郑州市教研室中心组成员 3 人，郑州市兼职教学科研员 1 人。

学校教学设施齐全，为郑州市首批标准化初中。学校现有郑州市一流的心理咨询室、高清录播教室、校园电视台、创客中心等。

## 郑州市第四十三中学（郑州市商贸管理学校）

郑州市第四十三中学（郑州市商贸管理学校），位于豫英路 1 号，创建于 1973 年，距今已有 40 多年的历史。学校目前是郑州市教育局直属的一所职普合一的学校，初中部为郑州市第四十三中学，中专部为郑州市商贸管理学校。

学校成立之初为局属完全中学。1982 年高中部改为职业高中班，1997 年经教育主管部门审批，职业高中改为职业中专，更名为郑州市商贸管理学校。

学校现有教师 175 人，教学班 48 个，学生 2377 人。学校秉承“守正、笃实、敬业、乐群”的校训，围绕把学校打造成“学生自我成长的圆梦乐园，教师自我升华的温情港湾，充满知识、智慧、善良和真理”的发展愿景，以“专业、敬业、有业、乐业”为培养目标，确立“立足商贸、开拓文创、联动 AI、服务三产、优势领衔”的发展定位。着力打造以商贸类专业群为主体，以文化创意类专业群为支撑，以互联网信息工程类专业群为新的专业增长点的“一体两翼”专业发展格局。

科学的管理与科学的教育方法为学校的发展带来了勃勃生机，学校先后获得国家“2017 年国防教育特色学校”，河南省“2017 全国职业院校技能大赛突出贡献奖”，郑州市“文明单位”“德育建设先进单位”“教学创新先进单位”“平安校园建设先进单位”“中等职业教育先进单位”“郑州市参加 2017 年全国职业院校技能大赛先进单位”等荣誉。

## 郑州市信息技术学校

郑州市信息技术学校，旧址位于书院街 23 号，占地 23333 平方米，是郑州市教育局直属公办学校，是一所融中专和高中为一体的综合高中试点学校，是郑州市办学历史最为悠久的学校之一。

郑州市信息技术学校

据记载，清乾隆十九年（1754 年）知州安而恭在城东门内建东里书院。光绪八年（1882 年），知州王成德会同绅士 9 人将东里书院迁移到书院街。光绪三十年（1904 年）春，在东里书院设立郑州中学堂，此举开创了郑州市中学教育的先河。光绪三十二年（1906 年）四月，创立郑州官立中学堂。次年，改名为郑州中学堂。民国十三年（1924 年）三月，于原中学堂旧址新建郑县县立中学。民国十八年（1929 年）五月，改名为郑州市市立初级中学。民国二十年（1931 年）十一月改办为私立明新中学，当时校舍面积 7578 平方米，至民国三十年（1941 年）共有 8 个班，学生 564 人。1949 年停办，创立郑州市高级中学。1953 年郑州高中迁出，成立纯招女生的郑州第八初级中学，时称“女八中”。1954 年秋，按市教育局指示：一中、二中、五中、六中的部分学生并入该校，当时全校共 36 个班，男女生分班上课，全校师生 1600 余人，规模空前。1956 年易名为郑州市第三中学，是为完全中学。1958 年 8 月定名为郑州市第十中学。1961 年定为市重点中学。1981 年改为单设普通高中。1984 年在全市率先开办计算机应用专业班，并形成了拥有档案、计量、物资等四个专业的职教规模。1985 年 5 月，经省教委批准，正式改为郑州市第三职业中等专业学校。当时的第三职业中专是郑州市职业学校计算机专业集团的龙头学校、河南省职业学校计算机专业中心教研组长单位。

学校先后被评为郑州市示范性职业学校、河南省示范性职业学校、全国教育系统体育先进单位、河南省卫生先进单位、河南省治安模范先进单位、郑州市文明单位、郑州市文明单位标兵、郑州市文明学校、郑州市文明学校标兵、郑州市花园式单位等。

学校受河南省、郑州市教育委员会委托，多次承办省、市职业学校计算机应用技能比赛，名列第一。在 1998 年举行的河南省首届职业学校计算机技能比赛中，以优异成绩夺取团体冠军。1999 年又被郑州市教育委员会定为综合高中试点学校，并恢复郑州十中校名。2003 年，有微机教室 6 个，内设中高档计算机 360 余部，财会模拟室 1 个、电工电子实验室 1 个、微机硬件维修实验室 1 个、大型图书室 1 个，还有物理实验室、化学实验室（新的理化实验楼即将竣工）、标准语音室、多媒体教室、阶梯教室等现代化教学设施。全校教职工 116 人，其中专任教师 101 人，中高级职称者 70 余人，具有研究生学历的已达 15 人，2000 年有教学班 31 个，在校生达 1500 余人。2004 年 3 月，经市教育局批准，学校更名为“郑州市信息技术学校”。

2018 年 5 月，郑州市信息技术学校迁出辖区。

# 科技科普

## 塔湾社区科普大学

塔湾社区科普大学分校自 2010 年成立，共招收学员 1200 余人，养生课共计 180 节，实践课 65 节。科普大学倡导“普及科学知识、应用科学方法、传播科学思想、弘扬科学精神”，建立健全了一套完善的管理工作机制，先后成立了合唱队、舞蹈队、健身操队。2014 年获得管城回族区有氧健身操比赛二等奖。2015 年获得郑州市合唱比赛一等奖。2016 年获得管城回族区《崇尚科学、反对邪教》演讲比赛一等奖。在 2017 年“管城区唱响科普大学之歌 喜迎党的十九大胜利召开”和“郑州市社区科普大学之歌喜迎党的十九大胜利召开”比赛中获得一等奖。2019 年在“我与社区科普大学”有奖征文中获得二等奖。

塔湾社区科普大学

# 群众文艺

2002 年，东大街街道办事处在辖区裕鸿广场组织举办“携手创辉煌，喜迎十六大”为主题的社区文艺活动，社区文艺宣传队表演了秧歌、腰鼓、扇子舞、健身操、唢呐、小品等节目。

2005 年，街道组织辖区群众参与文化娱乐健身活动，组建秧歌队、舞剑队、现代舞队、老年豫剧团等群众文化娱乐组织，以城墙、辖区内小游园和裕鸿广场为主要阵地，弘扬民族文化。

2006 年，鼎新街社区和博爱街社区组织中老年人秧歌表演赛，东关南里社区和城南路社区组织青少年书画比赛，商城里社区和塔湾社区举行拔河比赛。“五一”期间，和河南电视台在东大街商城遗址举办“文化服务进社区”文艺演出、电影播放等系列活动。

2009 年，依托辖区城南路商城遗址广场、红旗广场等十多个文化活动广场，开展“红色电影进社区”“唱红歌 颂党恩庆七一”红歌比赛活动。组织辖区商城合唱团开展“中华人民共和国成立 60 周年”红歌传唱活动。

2010年，东大街街道办事处投资100多万元，建成多个社区文化活动中心，为辖区居民提供学习娱乐场所。

2016年，利用春节、元宵节、清明节、端午节、重阳节等传统节日，以“先进文化进基层”“百场文明礼仪教育进基层”“欢乐中原”“邻居节”等各项文化活动为载体，抓好街道文化活动及特色文化广场建设，充分利用辖区广场、游园多的特点举办广场文化活动。春节、元宵节先后在文庙广场、商城遗址广场举办了丰富多彩的群众文化活动。

2018年，东大街街道办事处组织辖区居民举行以“我们的中国梦 文化进万家”为主题的迎新春文艺联欢会，由辖区居民组成的数十支团队表演了舞蹈、模特走秀、太极拳、豫剧等节目。

群众文艺

# 医疗卫生

## 郑州市第一人民医院

郑州市第一人民医院位于东大街56号，始建于1942年，是从河南省立临时医院、河南省立第十医院、河南省立郑州医院逐步建设发展而来。1948年郑州解放后，该院改为郑州国际和平医院一分院，1953年10月改为现名。2016年8月16日，郑州市第一人民医院正式揭牌，成为新乡医学院郑州第一附属医院。

郑州市第一人民医院（新乡医学院郑州第一附属医院），是一所集医疗、教学、科研、预防、保健、康复于一体的综合性国家“三级甲等”医院，是由院本部、郑州航空港区医院、航东社区卫生服务中心、商都路社区卫生服务中心组成的医疗集团。

其中院本部位于黄河之滨，古城商都的东大门旁，在绿树掩映的紫荆山路与东大街交会处，交通十分便捷。

医院现有职工2667人，其中，专业技术人员2360人，高级专业技术人员226人，具有正高职称的86人，具有博士、硕士学位的425人。院本部设置90余个专业，53个临床病区，实际开放床位1616张。

2016年5月，由国家卫生和计划生育委员会授牌成为全市首家国家高级卒中中心，9月，成为河南省唯一的中国胸痛中心示范中心，是国家药物临床试验机构。拥有区域性烧伤整形诊疗中心、河南省博士后研发基地、河南省医学重点实验室等机构。拥有河南省烧伤诊疗中心、神经内科、整形外科、内分泌科、儿科、神经外科、消化内科等七个省市临床医学重点学科和重点培育学科，医院心血管内科、呼吸内科、骨科等科室为重点学科。介入治疗中心、内镜中心、外科腔镜、妇科腔镜中心、体检中心、医学美容中心等设施、规模居全省领先地位；法医鉴定中心、生殖医学与不孕症科、疼痛微创诊疗中心、省内首个创面修复中心等能满足群众个性化的医疗需

第一人民医院老照片

郑州市第一人民医院

求；成立“郑州市重症医学中心”，承担全市重症医学教学、科研、会诊以及突发事件的应急救治工作。

医院连续10余年与微笑行动、中国基金合作举办郑州国际微笑行动，共为全国近2000余名唇腭裂患儿进行了免费手术；与河南省关心下一代工作委员会联合开展“精准扶贫、护苗行动” 免费先天性心脏病患儿手术；2016年6月被指定为河南省唯一一家全国白癜风银屑病患者公益救助活动定点合作医院；建立了拥有70余家成员单位的区域医疗联合体，为实现“资源共享、信息互联、服务同质、便民惠民”的目标，发挥了“三甲”医院的龙头和示范作用，为双向转诊打下良好的基础。同时长期坚持“进社区送温暖”等义诊活动，惠及河南省广大城乡百姓，赢得了良好的社会声誉。

医院先后获得全国“医疗质量万里行”全国三级综合医院评比先进单位、全国改革创新医院、全省医院创新管理先进单位、河南省行风建设先进单位、河南省群众满意医院等称号。

## 精神文明创建

2005年，东大街街道办事处以《公民道德建设实施纲要》《公民道德建设读本》为教材，以社会公德、职业道德、家庭美德为基础内容，对辖区干部群众进行教育，倡导讲文明、讲卫生、讲科学，促进居民思想道德素质的提高和良好行为习惯的形成。成立东大街街道

社区学雷锋志愿服务站

办事处社区家庭教育指导中心，以社区为平台、学校为龙头、家庭为基础，把社区、学校、家庭三方面力量有机组合起来，形成“三位一体”的思想道德教育网络。针对家长最关心、孩子最关注的问题，社区家庭教育指导中心举办百期“家庭教育大家谈”活动；组织未成年人深入社区，开展百堂社区体验教育实践课；针对单亲家庭和贫困家庭，组织开展百名家庭教育志愿者帮扶活动。

2006 年，东大街街道办事处在商城遗址广场举行“亲子读书节”系列活动启动仪式，以家庭为单位，以“让父母与孩子共同成长”为主题，举行大型主题朗诵活动。博爱街社区和鼎新街社区联合，在郑州市第十中学操场上举行了“邻里趣味运动会”。

2007 年，东大街街道办事处继续以《公民道德建设实施纲要》《公民道德建设读本》为教材，以社会公德、职业道德、家庭美德为基础内容，对辖区干部群众进行教育，促进思想道德素质的提高和良好行为习惯的形成。以市民教育学校为载体，从市民日常行为习惯抓起，教育和引导广大群众参与创建全国文明城市活动。

2008 年 3 月，东大街街道办事处和郑州市第一人民医院共同举办以“奥运精彩·我听到”为主题的“爱耳日”咨询、义诊、宣传教育活动，共接受群众咨询 100 多人次，分发宣传单 100 多份。4 月，为辖区居民进行白内障筛查，筛查出 14 名白内障患者，有 10 名接受免费手术治疗。在博爱街社区成立老年女子学校，探索老年女性教育。聘请有经验的老师到科普大学讲授“节能减排”知识，开展社区“节能减排”手工艺品竞赛，推广“节能减排”小妙招。

2009 年，东大街街道办事处投资 30 余万元，建立总面积达 400 多平方米的东大街街道办事处文化站，配备电脑、投影仪、图书、书柜、桌椅等物品。与新闻媒体联合开展《有啥说啥进社区》《小莉帮忙》等节目。

2010 年，动员社区公共单位与社区签订文化体育科普等设施共建、共享、共管协议，确保定期有组织地向居民免费开放。组成一支各具特长的专、兼职社区教育志愿者队伍，形成社区教育师资体系，截至 2010 年年底，有 100 多名志愿者参与社区教育。举办读书知识竞赛、评选“十佳藏书家庭”等群众性活动。

2013 年 6 月，东大街街道办事处开展“关爱老年人，白内障复明普查”义诊活动。8 月，东大街街道办事处以“争创文明城，你我齐参与”为主题，在邮政大楼广场举办志愿者行动；在辖区内开展了“道德讲堂”宣讲、志愿者发放宣传册等公民道德宣传实践系列活动。

2014 年，街道组织爱心志愿者对辖区一分院、邮政大楼、银行、超市等公共区域义务清扫积雪。以“进机关、进社区、进企业、进学校”的宣传形式动员辖区居民和企业参与节能减排降碳活动，保护环境。开展“俭以养德 人人行动”全民活动。

2015 年，辖区鼎新街社区联合创新街小学举办读书节活动，社区文化活动中心的图书阅览室免费对学生开放。在街道文化站增加辖区民间艺人作品展览，为辖区的剪纸、风

志愿者“爱护古城墙”签名活动

东关南里社区书屋

筝等非物质文化遗产提供展示平台，弘扬祖国传统艺术文化。街道结合世界卫生日，组织以“营造卫生环境 健康与我同行”为主题的聊天活动，活动现场，专家从合理膳食、适量运动、戒烟戒酒、心理平衡等方面向居民推介健康概念和健康的生活方式。

2016 年，街道在博爱街社区女子大学举办以“家庭美德”为主题的道德讲堂，由辖区居民沈月霞、张彦华等人现身说法，通过自己生活中的故事讲述如何与长辈、爱人及邻居相处，如何教育子女，如何营造一个幸福温馨的家庭，通过“身边人讲身边事、身边人讲自己事、身边事教身边人”弘扬传统美德。

2017 年，在“八一”建军节前夕，东大街街道办事处组织博爱街社区开展庆“八一”慰问退伍军人活动，给退伍军人送去米、面、油等慰问品。以弘扬雷锋精神为主题，开展学雷锋实践活动。联合辖区公共单位市邮政储蓄、区国税局成立东大街党员志愿者服务站，开展爱心巡诊、免费体检、义务理发、免费就餐、四点钟课堂等活动达百余次。向辖区居民发放倡议书，定期开展“爱护古城墙 文明我先行”活动。以“文明交通从我做起”为主题，开展文明交通行动专题宣传教育活动。

2018 年，东大街街道办事处举办“传播好家教 弘扬好家风 建设好家庭”暑期儿童安全教育讲座，辖区 50 多名孩子参加活动。

# 街区管理

21世纪以来，东大街街道办事处设立城管科，负责辖区内的城市管理、市容管理、环境保护、环境卫生等工作。同时建立城东路、城南路及紫荆山路街管会，多措并举，辖区环境卫生状况得到较大改善。

2000年4月，社会治安综合治理办公室成立，并通过成立巡防队、完善监控设施、开展专项行动等方式，加强辖区治安管理工作，辖区治安日渐好转。

计划生育工作机构积极落实各类计生政策、民政扶助政策，做好流动人口管理，育龄妇女健康检查。

# 环卫管理

2000年4月，设立城管科，主要负责辖区内的城市管理、市容管理、环境保护、环境卫生等工作。同时与沿街门店签订《门前三包责任书》350份，组织人员在道路两侧划定停车线。统一沿街门牌，清理不规范门头字号136处，拆除不合格广告牌140个，下发各类整改通知书400份。

2001年，辖区实施路段长负责制，每个街管会设路段长一名。

2002年，辖区对凸出楼体的防盗网进行全面整治。

2003年，对辖区的20余面墙壁每季度粉刷一次，清理墙上小广告近千条，刷行道树千余棵等。

2004年，对辖区120多个楼院居民开展全面治理，一类达标楼院12个，二类达标楼院31个，三类达标楼院76个，达标率达99.1%，在管城回族区名列前茅。

2005年，辖区开展“四城（卫生城、文明城、园林城、环保城）联创”活动，对辖区居民楼院“乱堆乱放”“乱贴乱画”及卫生死角进行全面整治，同时对辖区中小饭店、

塔湾社区精细化管理之二

小熟食店、小副食品（冷饮）店、小旅馆（浴池）、小理发（美容）店“五小”单位进行全面治理。

2006年，辖区成立爱国卫生领导小组办公室，开展市容环境卫生综合整治，拆除辖区道路沿街商户安装的遮阳棚，对辖区占道经营、突店经营等现象进行集中整治。

2007年，辖区开展“除四害”（苍蝇、蚊子、臭虫、老鼠）消杀活动，消杀面积达80000平方米。

2008年，辖区开展“垃圾不落地、城市更美丽”活动，倡导辖区居民自觉维护身边环境。市容环境集中整治活动期间，拆除不规范广告牌800多块，清理马路小广告3000多处，取缔占道经营200多处。在郑州市创建卫生检查工作中，东大街街道办事处夺得卫生红旗2面。

2009年，辖区开展世界无烟日、爱国卫生月、世界卫生日宣传活动，同时开展爱国卫生月大扫除义务劳动，对商城遗址周边垃圾死角进行集中清理。以巩固国家卫生城市成果、迎接全国爱国卫生运动委员会办公室3年复验为工作目标，拆除不规范广告牌300多块，清理马路小广告3000多处，取缔占道经营、流动摊贩、突出门店经营400多处。同时，

鼎新街社区佳苑小区

组织辖区群众及办事处全体人员义务劳动和宣传9次，参加人员1000余人次，清理积存垃圾80余车，拆除“乱搭乱建”“乱贴乱画”500余处。是年，获得郑州市爱国卫生流动红旗。

2010年，加大市容市貌督查力度，垃圾做到日产日清。城市管理综合考核在管城回族区排名第一。

2011年，对辖区无主管楼院、破产倒闭企业进行“除四害”全面消杀，消杀面积50000平方米。组织百名人员成立“卫生义务监督员”“青年志愿者”队伍开展爱国卫生工作，对路段、社区、“五小”门店等进行业务指导。在创建全国文明城市中，重点整治“五小”单位110多家，窗口单位46家，马路小广告18000处，取缔占道经营、流动摊贩、突出门店经营400多处。增加停车场3个，增加停车位100余个。

2012年，拆除大型户外广告32处6686平方米，整治门头牌匾149处，拆除滚动字幕68处，整治道路坑洼不平221处，黄土裸露76处，窨井下陷123处，道路台阶破损42处，架空电缆1760米，清理占道经营、突出店外经营1786处。拆除违法建设185处，面积38752平方米。在商都博物院建筑工地新建临时停车场1个，开放车位860个。

2013年，清理占道经营3562处，拆除违法建筑345平方米，修复道路坑洼不平126处，黄土裸露22处，整治窨井96处。

2014年，先后对辖区495个门头进行清洗，清理道路沿街门店橱窗广告和小广告1800余处，占道427处，突出店外经营148处，粉饰墙体、楼院48处13万平方米，硬化路面13200平方米，清理垃圾300余车，投入30万元对危房进行维修加固。

2015年，先后投入50余万元对辖区内三个堵疏结合点进行全面升级改造，300多家饭店、小吃点油烟净化装置安装率达100%，取缔燃煤大灶58家，煤改气30余家。实施绿色施工，设置扬尘治理环保公示栏，建立健全扬尘检查及整治记录台账管理机制。

2016年，落实道路扬尘防控，建立“人机结合”清扫保洁机制。突出开展市容市貌整治工作，清理占道经营2580处，突出店外经营362处，拆除LED灯36个、挂灯箱48个，督促整改损坏霓虹灯12个，清理乱贴乱画及橱窗广告2389处。

2017年，对辖区6处在建、待建工地派专人实行24小时不间断值守。购置防尘网2000卷，覆盖拆迁区域建筑垃圾18万平方米。同时投入资金180余万元全面整治辖区环境。

2018年，投资60余万元对大气污染进行治理，制作宣传条幅80余条、墙体广告5000多平方米，购置防尘网1000卷，制作宣传彩页15000余份。每周五组织6个分包局委、各社区网格员、10余家辖区公共单位及300余家沿街门店商户开展“全城清洁”活动，组织开展“全城清洁”活动100余次，参与活动人数达35000余人次。

## 治安管理

2000年4月，街道办社会治安综合治理办公室成立。

2001年，街道办有11个治保会，并从各单位抽调专职人员负责巡逻，辖区内楼院看护率为100%。

2002年，全辖区有1个警亭、3个治安室，5个专职巡逻队。重点人口列管率达到100%，暂住人口列管率达到100%。

2004年，街道办与辖区“房东”签订治安责任书，对暂住人口进行登记管理。同年，辖区建立群防群治治安巡逻队，对辖区进行3次拉网式排查清查活动。

2008年，开展打击“两抢一盗”集中宣传活动，在辖区楼院安装打击“两抢一盗”温馨提示栏800块，悬挂条幅48条，16名宣传员发放宣传资料18000份。

2009 年，完善以街道办监控室为中心，以社区警务巡防室为支撑，以 20 多个街道、楼院监控探头为节点，以巡防队员为纽带的治安防控体系，为街道办综合治理工作奠定了基础。

2010 年，辖区楼院封闭率达到 100%，社区“零发案”达到 90%，内部单位“零发案”达到 97%，所辖社区全部达到“五无社区”标准，群众对治安满意率达到 95%以上。

2012 年，创新平安建设工作模式，利用 QQ、飞信、微信等平台开展平安建设宣传工作。建立起“责任到人，包干到楼到户，巡查到天、管理到位”的网格化管理模式，对网格内的居民信息情况进行摸底，并登记造册。

2014 年，成立郑州市首个反邪教主题游园——“平安和谐苑”，以寓教于乐的方式开展平安建设、综合治理宣传活动。

2015 年，街道办率先在中建文苑引进“智慧社区”微信平台、app 应用平台，建立政府、群众和物业公司三位一体的管理模式，获得郑州市平安建设先进街道等称号。

2017 年，辖区有 4 个“社区微型消防站”正式投入使用，150 多个独立式感烟火灾探测报警器安装到位。

## 人口管理

2010 年，辖区有 4 个社区、6 个企事业单位被评为示范化管理社区（社区）。辖区年度人口出生率为 4‰，自然增长率控制在 3.1‰以下。

2011 年，出生婴儿 139 名。开展春、秋两季生殖健康进家庭优质服务活动，为 1895 名育龄群众做详细的健康检查。

2012 年，辖区常住人口共出生婴儿 103 名，人口出生率为 5.74‰。

2013 年，辖区共出生婴儿 128 名，人口出生率 7.01‰。

2015 年，辖区落实各类民政扶助政策，安排 3000 余人参加育龄妇女健康检查。

2017 年，对无业、下岗、失业的 2000 余名育龄妇女开展免费妇科病检查，为 120 名育龄妇女进行“两癌筛查”。

# 街区人物

东大街历史悠久，名人辈出。东西大街改建之前，魏家胡同一带保留有几间明清旧宅，有魏姓人常年居此，魏氏家族治家严谨，先后走出多位历史人物。此外还有其他不同领域的代表性人士等，也与东大街结下了不解之缘。

## 魏尚贤

魏尚贤（1564—1642年），字礼孟，号明宾，郑州东大街人，明万历四十四年（1616年）丙辰钱士升榜三甲239名进士，后授通政使，在出守保定时，以其所积粮饷银若干万两赈济灾民，颇受称颂。

魏尚贤秉性刚直，主持通政司期间，深知这个部门执掌受事、封驳、引进三项，是朝廷的喉舌，甚为谨慎。其间，阉党魏忠贤当国，二人都姓魏，名字又只差一字，让人疑为兄弟。魏忠贤曾欲与魏尚贤联为一谱，被他婉拒，魏忠贤见笼络不成，便以各种名义对他进行迫害，无奈之下，魏尚贤辞官回郑州闲居，曾住在现郑州东大街的魏家胡同。崇祯十五年（1642年）五月初，魏尚贤因战乱身亡。

## 阴化阳

阴化阳（出生年不详—1642年），字太乙，圃田乡吴庄村人，明万历二十八年（1600年）中举，历任户部主事，广东省司郎中。同年由故里迁住郑州主事胡同，阴氏后裔累世居于此。崇祯十五年（1642年）五月，阴化阳因战乱身亡。

阴化阳迁入郑州后，在郑州东“凤凰台”至青龙山土地上兴建了很多亭台楼阁、水榭长廊，并因景命名，著有《东山胜地记》。旧时湖沼连接，荷香十里，从明末至民国的300年间是郑州市郊的一大胜景。

## 沙春元

沙春元（生卒年不详），字梅芳，回族，郑州市管城区人，民族英雄。清道光十一年（1831年），沙春元以武功超群、力大善射中武举，次年中武进士，以蓝翎侍卫任山西吉州营都司。咸丰六年（1856年），沙春元任天津镇标右营游击，旋调任大沽口营副将。

1858年5月20日，英法联军炮轰大沽炮台，时率部坚守于此的沙春元英勇还击，他不顾枪弹横飞，挺身炮台之上，神色自若，亲燃巨炮，激战两小时，共击毁敌舰三艘，毙伤敌官兵八九十名。后因敌人炮火猛烈，炮台被炸毁，沙春元以身殉国，后入祀京师昭忠祠。

## 刘瑞璘

刘瑞璘（1859—1929年），字绍闻，清光绪十三年（1887年）迁至东大街。光绪十八年（1892年）成进士，先后任陕西醴泉华阴、同官、咸宁、直隶栾城等县知县。

光绪三十年（1904年），刘瑞璘奉北洋大臣李鸿章之命，随赴日本考察政治。归国后著有《东洋考证录》，旋在北京总税务处负责文牍工作。担任过北京《振华报》、天津《醒世报》、开封《河南通俗日报》的编辑。民国四年（1915年）春，任《郑县志》主纂，次年成书，共18卷，为中断了168年的郑志填补了历史空白。其时，刘瑞璘接受友人建议，创办《郑州日报》，成为郑州最早的新闻报纸。民国十八年（1929年）病故，终年70岁。

## 黄正甫

黄正甫（1909—1980年），祖籍陕西白河县，清宣统年间迁郑，世居东大街。1926年就学武昌，加入共产主义青年团。1927年夏，他因从事革命活动，遭到追捕。1933年至1934年，寄寓北京六叔黄统家，一面治病，一面跟随沈从文学习写作，先后在《国闻周报》发表《金鸡察》《观音土》等，反映江、汉险滩纤夫和故里灾民的苦难生活。1935年返郑在郑县简易师范学校任教，在学生中宣传革命思想，传播革命火种，学生魏鸿杰（即作家魏巍）在其影响下，毅然投奔延安。抗战初期，他先后在黄河北岸、豫南一带开展游击活动，不久被捕入狱，经营救获释。1939年之后，他绕西安，转赣城，直奔延安，入鲁迅艺术学院，加入中国共产党。1946年被派往陕西白河故里进行革命活动。

1948年调任湖北竹山县县长，后升任郧阳地区专员。1949年任武汉农民运动讲习所所长。后集中精力从事创作，写有长诗《青春之歌》，并附诗一首："中华儿女气如虹，敢拂天庭闹玉宫。不负韶华须臾在，正宜有限咏无穷。"1980年7月28日因病去世。

## 魏巍

魏巍（1920—2008 年），原名魏鸿杰，曾用笔名红杨树，河南郑州管城区人（故居位于明鞋大厦，属东大街街道办事处辖区），中国共产党党员，当代著名散文家、小说家、诗人。

1920 年 3 月出生，童年时在郑州城东门外一座破庙改成的免费平民小学读书，13 岁就读于郑县简易乡村师范学校，开始接触文学作品并产生浓厚兴趣。

1937 年抗日战争爆发后，魏巍赴山西前线参加八路军。1938 年到延安进入抗日军政大学学习，当年加入中国共产党。1939 年毕业后到晋察冀边区部队做宣传工作，担任过宣传干事、宣传科长、团政委等职。

1939—1949 年，魏巍主要从事诗歌创作，其中创作于 1942 年的长诗《黎明的风景》是他这一时期的代表作，获晋察冀边区文学艺术界联合会颁发的“鲁迅文艺奖”。

1950—1958 年，魏巍曾三次赴朝鲜抗美援朝前线进行战地采访，于 1951 年 4 月在《人民日报》上发表战地通讯《谁是最可爱的人》，在全国引起巨大反响，毛泽东主席批示“印发全军”。

1952 年，他与白艾共同创作出版中篇小说《长空怒风》，1956 年与钱小惠合作电影小说《红色的风暴》，1963 年参加大型音乐舞蹈史诗《东方红》的解说词编写工作，1981 年 5 月出版《邓中夏传》，1983 年出版《聂荣臻回忆录》上卷。

魏巍曾先后担任《解放军文艺》副总编辑，解放军总政治部创作室副主任，总政治部文艺处副处长，北京军区宣传部副部长，北京军区文化部部长，北京军区政治部顾问，《中流》杂志主编，中朝友好协会副会长，中国解放区文学研究会会长，全国青联副主席等职。是中国文联委员，中国作家协会第四届理事，第一、第二、第三届全国人大代表。2008 年 8 月 24 日在北京去世。

## 魏云

魏云（1936—2007 年），郑州东大街人，豫剧表演艺术家。1951 年进入

魏云《朝阳沟》剧照

郑州市文工团，1952年调入河南省歌剧团，1956年改任河南省豫剧院三团演员。

20世纪50年代初，魏云开始主演《小二黑结婚》《志愿军的未婚妻》《朝阳沟》等剧目。“文化大革命”后，又排演《骄杨》《甜蜜的事业》《爱情的审判》《朝阳沟内传》等新戏。1993年10月退休。

魏云是豫剧现代戏的开拓者之一，三团“五大主演”之一。1964年在中南海演出《朝阳沟》，受到国家领导人的亲切接见并合影留念。

魏云在《朝阳沟》中扮演下乡知识青年银环，其美丽、善良、勤劳的舞台形象深入人心，许多精彩唱段，脍炙人口，久唱不衰。2007年12月5日，魏云因病去世，享年71岁。

# 大事纪略

从几千年前的蛮荒之地，到今天文明和谐、高度发展的现代化街区，东大街的发展变迁倾注了一代代人的心血。在漫长岁月中发生的事繁若星辰，不胜枚举。以下辑录的是曾对辖区的社会、经济、文化产生过较大影响的事件，它们构成了东大街辖区居民的集体记忆。

郑州文庙

## 郑州文庙始建

郑州文庙始建于东汉明帝永平年间（公元 58—75 年）。元顺帝至正六年（1346 年），依原貌重建。明、清两代多次重修，清光绪二十二年（1896 年）遭大火，毁坏殆尽。至“文化大革命”前，仅存大成殿建筑及部分厢房。2004—2006 年，大成殿被整体抬升，重建了棂星门、金声坊、玉振坊、泮池、名宦祠、乡贤祠、尊经阁等建筑，初步恢复了文庙的规模和建筑风格。

## 开元寺始建

开元寺始建于唐玄宗开元年（713 年）。明永乐十八年（1420 年）僧明福重建。清朝时期，曾屡遭毁坏，又多次修葺。1938—1944 年，先后遭毁坏、轰炸，仅留有塔基埋入地下。1974 年，在开元寺原址上建立了河南省立郑州医院（今郑州市第一人民医院），开元寺消失。2016 年，开元寺开始重建。

## 中天书院创办

明崇祯十年（1637 年），郑州知州鲁世任创办中天书院，这是郑州有史以来的第一座高等学府。中天书院建成后，与宋代中国四大书院之一的嵩阳书院建立了教学交流，书院的学生多时达千人，院舍又在路北扩建一所。清光绪八年（1882 年），郑州知州王成德把东里书院移建至中天书院旧址，恢复了中天书院初期时的规模，成为当时郑州最有影响的书院。

## 创新街小学创建

1928 年，创新街小学创建，其前身是河南省会开封第二小学，随后易名为河南省立第十三小学。中华人民共和国成立后以街道命名，改为郑州市关岳庙小学。1967 年 12 月随街道易名，改为郑州市创新街小学并沿用至今。2018 年，学校有 59 个教学班，在校生 3420 名，专职教师 155 名。创新街小学是我国著名军旅作家魏巍先生的母校。

创新街小学

## 郑州药材骡马大会开始举办

从 1931 年起，郑州药材骡马大会在东大街一带开始举办。会期分春秋两季，时间各一个月。大会举办期间以药材、骡马交易为主，此外，粮油果蔬、百货布匹、金银首饰等各种产品都有，买卖兴旺。20 世纪 50 年代中期，郑州药材骡马大会不再举办。

## 郑州商代遗址发现发掘

1950 年秋天，郑州商代遗址被发现。此后的半个多世纪，考古学界对郑州商代遗址进行了考古发掘，发现了大量商代房基、窖穴、墓葬、壕沟、水井、祭祀坑等遗迹，出土了大批铜器、玉器、陶器、骨器、蚌器、原始瓷器等遗物，并最终认定其为商汤所建之“亳都”。

商代亳都都城遗址纪念碑

## 郑州市针织厂组建

1951年，郑州市针织厂创建。1956—1958年，经合并调整，把郑州市袜子、内衣、毛巾等针织行业的手工业合作社合并在一起，定名为地方国营郑州市针织厂。20世纪80年代，郑州市针织厂成为河南省规模最大的专业袜子生产企业。1996年8月，郑州市针织厂破产，后被郑州市国资委收购。

## 郑州一建集团有限公司成立

1951年4月，郑州一建集团有限公司成立，是当时郑州市唯一的国有建筑施工企业。2019年，公司更名为郑州一建集团有限公司。集团公司拥有子公司、分公司26家，产业涉及房建、市政设计、轨道交通、装配式生产、投资担保、劳务管理、试验检测、水电安装、设备租赁等。

## 发现郑州市向阳回族食品厂青铜器窖藏坑

1982 年 7 月 11 日，在基建施工中，发现郑州市向阳回族食品厂青铜器窖藏坑。该窖藏坑由河南省文物考古研究所和郑州博物馆联合发掘，出土有商代前期鼎、尊、罍等青铜器 13 件。这些青铜器是我国目前所发现的商代前期青铜器中罕见的重器，反映了我国当时在青铜器铸造工艺方面的高超技艺。

## 郑汴路长途客运汽车站成立

1995 年 5 月，郑州市郑汴路长途客运汽车站成立，是东大街街道所属行政村——书院街村的村属企业，也是郑州市唯一一家集体所有制长途客运汽车站。截至 2018 年，郑汴路长途客运汽车站占地面积 1 万平方米，主要承运省内豫东、豫东南方向的旅客，往豫东北、豫南、豫西南的车辆日发 40 多班。

## 东大街街道办事处成立

2000 年 4 月，东大街街道办事处成立，辖区面积 1.53 平方千米，时辖东关南里、东关东里、东大街东段、塔湾、职工路、红领巾街、唐子巷、博爱街、东大街西段、鼎新街、书院街、南大街、向阳街、南关街北段共 14 个居委会。此后社区调整，截至 2018 年年底，辖东关南里社区、塔湾社区、博爱街社区、鼎新街社区、城南路社区和商城里社区 6 个社区和书院街村 1 个行政村。

## 郑州文庙修复后对外开放

2006 年 6 月 10 日，郑州文庙修复完工后于中国首届文化遗产日对外开放。此次郑州文庙的修复以大成殿为中轴线，参照清乾隆十三年《郑县志》文庙图与中国文庙传统建制，复建照壁、东西牌楼、棂星门、泮池、戟门、尊经阁等。在戟门两侧分别建名宦祠、乡贤祠；在大成殿前两侧建东西庑房及碑廊；在尊经阁前两侧，亦建东西庑房、汉井井亭等；尊经阁后建保护管理房。

郑州文庙修复后对外开放

## 商都遗址公园建成开放

2014 年 12 月 20 日，商都遗址公园建成开放。该公园位于东大街街道东大街与城东路交叉口，占地面积约 0.06 平方千米。公园是以商城遗址为基础建造的，是郑州商代都城遗址的重要展示节点。公园的景观主要体现三个功能——观游城墙遗址、室外文化展示、聚集休闲活动。

商都遗址公园

### 商都历史文化区启动 5 个片区改造

2016 年，商都历史文化区启动 5 个片区改造。该项目在东大街街道辖区的主要有“两院”（郑州商都遗址博物院、郑州文物考古研究院）一期、“两院”二期，亳都古巷，开元寺·塔湾古街，书院街等片区。

## 大事记

东汉明帝永平年间（公元 58—75 年），郑州文庙始建。

唐代武德四年（622 年），郑州东大街始建。

唐玄宗开元元年（713 年），开元寺始建。

建设中的商都遗址博物院、郑州文物考古研究院

明万历十九年（1591 年），热心公益事务的张大维修建张家义巷，后改名为主事胡同。

1928 年，创新街小学创建，其前身是河南省会开封第二小学。

1931 年起，在塔湾和东大街一带开始举办一年一度的“郑州药材骡马大会”。

1942 年，郑州市第一人民医院建立，其前身分别是河南省立临时医院、河南省立第十医院、河南省立郑州医院。

1950 年，郑州市第一区第二派出所改为东大街街政府。

1950 年秋，发现郑州大型商代遗址。

1950 年，河南省水利第一工程局组建，其前身是河南省治淮总指挥部。

1951 年，郑州市针织厂创建。

1952 年，东大街街政府成立爱国卫生运动委员会。

1956 年，郑州市文化用品厂创建。

1956 年 2 月，辖区改属陇海区东大街办事处。

1957 年，郑州市第四木器厂创建。

1958 年 7 月，郑州市瓦楞制箱厂成立，其前身是郑州市二七区社会福利纸盒厂。

1958 年 8 月，郑州市成立郑州管城区，辖区改属管城区东大街办事处。

1961 年 3 月 4 日，国务院公布郑州商代遗址为全国重点文物保护单位。

1973 年，郑州市第四十三中学（郑州市商贸管理学校）创办。

1974 年，郑州市第四十五中学创办。

1982 年 7 月 11 日，郑州市向阳回族食品厂在基建施工中，发现青铜器窖藏坑，出土商代前期青铜礼器 13 件。

1984 年，成立郑州市商城遗址保护管理所。

1987 年，郑州市商城遗址保护管理所对大成殿进行了落架大修与油漆彩绘。

1987 年，郑州市保险器材厂创建。

2000 年 3 月 25 日，设立中国共产党郑州市管城回族区东大街街道委员会。

2000 年 4 月，东大街街道办事处成立。

2000 年 4 月，共青团管城回族区东大街街道工作委员会成立。

2000 年 4 月，东大街妇女联合会成立。

2000 年 4 月，东大街办事处残疾人联合会成立。

2000 年 4 月，办事处社会治安综合治理办公室成立。

2000年7月，东大街办事处工会委员会成立。

2000年7月，完成东大街拓宽改造拆迁工作。

2001年，实施路段长负责制，每个街管会设路段长一名。

2004年7月1日，郑州市第一建筑工程有限责任公司成立，其前身是郑州市第一建筑工程公司。

2004—2006年，郑州市委、市政府对郑州文庙进行维修和复建。

2006年，成立爱国卫生领导小组办公室，大力开展市容环境卫生综合整治。

2006年6月10日，在郑州文庙大成殿前举行了中国首届文化遗产日开幕式。

2007年，办事处引进辖区第一家黄金珠宝企业入驻裕鸿花园。

2010年，东大街办事处有4个社区、6个企事业单位被郑州市计生委评为示范化管理社区（社区）。

2010年，东大街街道办事处塔湾社区科普大学分校成立。

2011年12月10日，位于紫荆山路与东大街交会处的中原珠宝城开业。

2013年5月3日，郑州文庙大成殿经国务院批准成为全国重点文物保护单位。

2014年12月20日，商都遗址公园建成开放。

2015年，位于紫荆山路裕鸿花园B座的金多银多广场开业。

2016年，启动商都历史文化区5个片区改造工程。

2018年，实行“路长制”，进一步进行城市精细化管理。

2018年5月，博爱街社区、南里社区、城南路社区、塔湾社区和书院街村“两委”换届选举工作完成。

# 口述史

东大街在历史上相当长的一段时间内曾是郑州的主城区，有着悠久的历史和繁荣的商业。中华人民共和国成立以后，老城区的胡同和大杂院逐渐发展为现代化城区，并以黄金珠宝产业闻名。

原住居民经历了老城区上世纪的胡同、大杂院生活，熟悉辖区几十年来经济的发展，让我们跟随着他们的回忆，来了解东大街这片既古老又充满活力的土地。

LOCAL RECORDS OF DONGDAJIE

# 亲如一家的主事胡同

口述：张彦华
整理：陈　宇

我叫张彦华，1971 年出生在东大街旁边的主事胡同。尽管已经离开主事胡同 3 年，也明知道不能回去生活了，但我时常在梦里回到那个生我养我的地方，追寻着童年的欢乐、成长的过往，回味着生活的酸甜苦辣，胡同的时代变迁……

主事胡同是一条古老的胡同，长约 300 米，南北走向，北起唐子巷，南至书院街，西邻郑州市第十中学。这里有清一色的红砖砌起的简陋小院，参差不齐的院墙里，居住着一百多户居民。相传，这条街道曾经是一条死胡同，有一姓张的大户买下了这条街上的院子，修通了这条路，大家为了感谢这家人，起名张家义巷，后又有明清两朝主事迁到这里居住，就更名为主事胡同。

胡同到现在已经有400多年的历史了，这里的住户大部分彼此相识，有的还是几代世交，虽然多是独门小院，但庭院相连、门户相挨，许多生活设施都是大家共用，彼此非常熟悉，亲切得很。

我记得小时候，夏天很热，因为没有空调，吃过晚饭大家都会搬上小凳子、拿着扇子到胡同里乘凉，老人坐在一起聊天，说着家里的事情，孩子在一起开心地玩耍，男孩子打弹弓、玩斗鸡，女孩子跳皮筋、丢沙包。

我虽然是女孩，却活泼调皮，是有名的“孩子王”，领着同龄孩子经常“惹是生非”。也就是七八岁的时候吧，有一天中午，我领着小伙伴去城墙下玩，见到城墙边一块菜地里成熟的西红柿，馋得直流口水，我们四处瞧瞧，发现没人看管，就忍不住去偷，我用裙子兜住几个正要离开，被菜地主人发现了，追得我们四处乱跑，西红柿也掉得满地都是。回到家，我被妈妈狠揍了一顿。

随着年龄的增长，我慢慢懂事，就开始就帮着大人做些家务，比如洗衣服、缝被子、包饺子等，还时不时将自己做的好吃的送给大家品尝。我印象很深的是过年的时候，胡同内的各家都会在院内支上一口大锅，蒸起郑州传统的美食——扣碗，有小酥肉、排骨、丸子等，五花八门、花样众多，孩子们则跑跑跳跳到各家去“尝鲜”。红灯笼挂满街，食物的香味弥漫整个胡同，人们走亲访友的身影、喝酒猜拳声，充满了年味……一直到胡同消失之前，每到过年，胡同里都是相似的情景。

主事胡同令我印象最深的是大家就像一家人一样亲。虽然平时见面也只是点个头一笑而过，可谁家一有事，大家会马上聚到一起帮忙，尤其是遇到结婚、生孩等喜事，大家都前去祝贺；谁家发生矛盾，街坊邻居都来劝解；谁家有难，大家都会伸出援手。我至今最难忘的就是1998年我父母在两个月内相继病逝，痛失双亲的我感觉犹如天塌，不知所措，还是胡同里的邻居主动过来帮我料理后事，还经常开导我、鼓励我坚强生活。在大家的帮助下，我很快重新鼓起了继续生活的勇气。从心底，我非常感谢这个大家庭。

郑州的发展日新月异，这里被规划为商都历史文化区后，我们面临着搬家。2016年年底，这里的100多户老居民离开了世世代代生活的地方，搬出了胡同，开始了新生活。虽然大家告别了这片熟悉的土地，但大家没有忘记胡同里的人和事，没有忘记这里的文化传承，大家都期待着商都历史文化区早日建成，期待着我们曾生活的这片土地变得更美丽。

# 三代人的文化传承

口述：陈春枝

整理：张慧霞

我叫陈春枝，1949 年出生在书院街 102 号陈家大院，爷爷和父亲都热爱民间传统文化，受家里文艺氛围的熏陶，我从小就爱唱爱跳。

以前，书院街的舞龙是郑州市最有名的，农闲时大家会在一起相互切磋舞龙技巧，老一辈会向年轻人传授技艺。在春节、正月十五、庆丰收时书院街的舞龙表演热闹非凡。舞龙的都是壮年男同志，年轻姑娘会腰上系上红绸子随着鼓点跟着舞龙队扭起秧歌，十里八街的人都会来观看，人山人海，真是一片开心欢乐的场面。

我爷爷陈风仪不但是舞龙高手，还会扎龙套等手艺活，舞的龙里用的蜡也是自己手工做的；他还会编小曲、扭秧歌、给绸子染色；他会自己设计服装，设计好剪裁后交给我奶奶制作……用现在的话讲，我爷爷就是“非常有艺术细胞”。到现在，我还能想起爷爷哼着小曲“船儿弯弯顺风倒……”那美美的样子。

我父亲叫陈福顺，舞龙时负责的是龙尾巴，那是一个很重要、特别需要体力和配合的位置。每次我跟着扭秧歌，还能配合父亲舞龙玩交叉钻龙的花样。父亲传承了我爷爷的手艺，还记得小时候玩具不多，父亲就给我扎了一条小龙，活灵活现、惟妙惟肖。有一次到

了庙会上，父亲还去买牛皮给我做了一面大鼓。那时候穷，买不起东西，我在外面看到卖糖人的就想要，父亲就在家自己熬糖稀给我吹糖人……小时候对父亲的印象就是没有什么是父亲不会的。

受到祖辈的影响，我有记忆开始就跟着爷爷奶奶哼他们自己编的小曲，每到节日的时候，我们祖孙三人就会和老辈一起，在家门口敲锣打鼓、扭秧歌庆祝节日。我在7岁时就能表演打马车轱辘。我记得小时候还有一个小插曲，我十一二岁的时候，家后面驻扎了一支部队。夏天的晚上，我一边看着战士们操练一边唱歌，休息间歇，我还给他们表演空翻、舞蹈。当时部队的领导看到我很有才艺，问我要不要跟着部队走，去当文艺兵，但当时家人没有同意。

1994年开始，我任书院街居委会主任，当时我们组建的秧歌队有四五十人，到各个地方参加宣传、慰问演出。我们表演的节目都是自编自导的，我还骑着“小毛驴”表演上山、下山、过河、驴惊呢。一直到现在，每逢正月十五，你还能在文庙看到我扭秧歌、骑“小毛驴”的身影呢。

从我爷爷到我父亲再到我，我们三代人之间完成了文化的传承，一直到退休后，我仍然爱舞爱跳。近些年来，大家的日子越来越好了，我们社区组织了老年舞蹈队，每天清晨在商城遗址公园组织跳民族舞。别看我们老年舞蹈队年龄都在五十岁以上，但个个精神抖擞，秧歌舞、腰鼓舞、扇子舞、红绸舞、老年健身操等样样精通，我们多次代表管城区参加各种文艺汇演，还获得过两次全国民族舞蹈一等奖、多次市级一等奖呢。

# 荆芥从我们村走向全郑州

**口述：罗会震**

**整理：刘振宇**

我叫罗会震，今年79岁，我们家是书院街村的老住户，家谱显示，我们家族明朝就在这里了。要说我感到最自豪的，就是我们郑州人爱吃的荆芥，是20世纪60年代从我们这里走向千家万户的。

说起荆芥来，那是我们书院街村这个传统蔬菜种植村里一种毫不起眼的“小品种”。我小时候只是知道有荆芥，没多关注过，直到1961年之后我才对荆芥熟悉起来。我记得那时候我们村种的蔬菜种类可多了，萝卜、白菜、芹菜、山药、菠菜、黄瓜、番茄、豆角等常见蔬菜样样都有，最有名的是菠菜，而荆芥是一种特殊的产量较少的“稀有品”。当时卖荆芥是不带根的，就像割韭菜一样一茬一茬割了卖，割后十多天又长出来。老人们都说吃荆芥要吃头一茬，因为后面一茬不如一茬好吃。

因为当时是计划经济时代，所以我们的蔬菜不是说想卖就卖，要先要把蔬菜送到交易所（当时的国家蔬菜管理单位），由他们划定价格后分发到全市的各个蔬菜商店。因为20世纪60年代我是村里的推销员，每次都是我送菜到交易所，所以印象比较深刻。我清晰地记得，当时只有我们这里种荆芥，从来没见其他大队有。因为“独一份”的缘故，荆芥非常畅销，每次都是刚到交易所就被各个商店一抢而空。随着我们的供应，这种口味清爽的“稀有蔬菜”很快被郑州人熟悉和接受，勤劳智慧的郑州人也创造出了各种吃法——比如拌凉菜，蒸着吃，做汤代替香菜；吃面条当配菜等。很快，荆芥就被郑州人普遍接受和喜爱。

虽然荆芥很受欢迎，但20世纪一直作为“稀有品种”出现，种植面积一直没扩大，为啥呢？因为那时候条件有限，荆芥不好保存，只能卖新鲜的。到了90年代，冷库比较多，

才好一点，但当时我们村开始了搞工厂，做第三产业，没那么多土地来种了。不过90年代，种荆芥的地方也多了，荆芥成为了郑州比较常见的蔬菜。

进入21世纪之后，大家的“菜篮子”逐渐丰富，尤其是最近10年，基本上是想吃啥都能买到，连反季节蔬菜也不算啥稀罕品了，但我发现，大家对荆芥的喜爱程度一点都没减少，现在不管到哪买菜，都能看到荆芥的身影。几年前，我有一次在《梨园春》节目中看到河南省豫剧名家小香玉在节目中说，她特别爱吃荆芥，但有时在北京还买不到。

现在我退休了，生活过得悠然自得，时不时会逛市场买菜，每次见到荆芥时，都会有一种特殊的亲切感。虽然我不能确定荆芥的起源是不是我们这儿，但这种蔬菜从我们这里走出去逐渐风靡全郑州却是不争的事实，每次吃到荆芥，我都感觉由衷的自豪。

# 大杂院的美好回忆

**作者：王丽娟**

我叫王丽娟，1971年出生在东大街100号的一个大杂院，我在大杂院生活了二十多年，大杂院留给了我很多美好的回忆。

儿时的记忆中，大杂院门朝东，年代久远的木质大门有点破旧，推开大门进去右转就看到一棵十几年的无花果树，紧邻东边有四间不知道是什么时候盖的灰瓦房，房子对面的西屋也是四间同样的灰瓦房，院子北面是一栋两层小楼，院里没有厕所，想上厕所都得过马路到对面工厂边的公厕。

那时候，东屋住着王奶奶和她的儿子孙子，西屋住着张爷爷两口和他的两个儿子，二层小楼的一楼住着牛叔、孟姨一家、小伟哥和小梅姐一家，二楼住着冯伯伯、小丽姐一家和我家。不同姓氏的几家人住在了这个大杂院，谁家“改善生活”了就会端出来好吃的给大家分享，谁家有事了大家就跑前跑后帮忙，高兴了大家一起开心，难过了大家一起承担，和睦相处得像一家人。

3岁时候的一天下午，妈妈下班带我回家，刚进门我就要喝水，自己去拿暖瓶，不小心把前一天晚上充的热水洒到脖子里，隐约记得妈妈抱着我飞奔到一分院就诊，由于当时是冬天，我戴帽子在脖子那系了个结，于是在我脖子上留下了一个漂亮的疤痕直到现在。

6 岁的时候，爸爸骑车带着哥哥去上班，我在后面追，跑到一家医院门口迷路了，我就站在路边哭。从医院走出来个阿姨问我家住哪儿，我说走不远是二七塔，阿姨就领着我到二七塔附近，又问我是哪条路，我想了想说我家门口有一大堆大白菜。阿姨就领着我沿西大街一直向东走，没多久就看到了那堆大白菜，还有在白菜旁边洗衣服的妈妈。妈妈当时还不知道发生了什么，得知缘由后，拉着阿姨的手连声道谢……

孙钢军　摄

眼看我上了小学，男孩性格的我爬高上低，上蹿下跳，一到夏天就顺着二楼爬到王奶奶家的房脊上，拿着筐去摘她家那棵占了半个院子的无花果。那个时候，我认为无花果是“水果之王”，又大又甜，又不要钱。

当时我们大院夜不闭户，夏天大人卸下门板当床在平台上睡觉，小伙伴们一起拉着蒲席到马路边睡觉，拿着蒲扇驱赶着蚊子。放学后小伙伴们一起跳绳、踢沙包、跳皮筋……童年的生活是那么有趣。

小学三年级，我开始帮忙挑水、做饭、洗衣服。尽管第一次做饭不熟，还把手给烧成二级烧伤，妈妈还是表扬了我，也很幸运这次烧伤没有留疤。

到了初中时期，我们前后几个大杂院发生了小小的变化，大家（凑钱）把自来水引到了每家每户，大家告别了挑水吃，几家围着一个自来水管洗衣服的时代，储水的大缸成了储物缸。尽管每年冬天各家的水表都冻裂，但我们的生活水准却在不断提高。

1988年，我妈妈退休了，为了贴补家用，她在马路边支了一张小桌子卖茶水、茶叶蛋、花生、玉米，原材料都是我清晨赶早市买回来的，妈妈做熟后推着我坐过的小铁车上街叫卖。中午我放学后第一件事就是做饭送到路口给妈妈。当时虽然生活清贫，却没有给我带来一丝烦恼。

高中毕业，我没有考上大学，而是参加了就业培训，走上了打工之路，虽然再没有跟伙伴们一起嬉戏打闹到城墙上玩耍，但是我依然会爬房顶摘食“水果之王”无花果。

1991年，我到了当时的国有企业郑州市仪表厂工作，开始忙碌起来。院里的张爷爷两口和王奶奶相继去世，小伙伴们上学的上学、上班的上班，院里着实冷清了不少，依然没有改变的还是那几间老屋、那棵无花果树和那个破旧的院门。

1995年的3月，我走出大杂院步入婚礼的殿堂，虽然有了自己的小家，但是我依然回大杂院住。次年我儿子出生，也住进了大杂院。儿子成了院里的活宝，人见人爱，我妈说，给架飞机都不换。在这里，儿子从嗷嗷待哺到满地学爬再到蹒跚学步，留给我们的都是欢乐。

这样的场景到了1998年发生了巨大的变化，老房子、无花果树、冬储大白菜、大杂院随着旧城改造销声匿迹，分散居住让我们几家邻里大多失去了联系，只剩下了对大杂院的美好回忆……

# 民营车站一路走来

口述：王淑梅
整理：刘振宇

我叫王淑梅，1972 年出生，1995 年 8 月底来到郑汴路汽车站，一直工作到现在。我刚来的时候，很多老员工讲我们这个站“不容易”，后来我才了解到，这个全郑州唯一的民营汽车站，一路走来着实不易。

这个站原本是 1988 年交运集团建立的车站，车站所用的土地是书院街村的。大概是出于长远发展的考虑，交运集团 1995 年 5 月搬走了。虽然他们撤站前张贴了搬迁公告，但许多旅客都不知情，加上周边批发市场多，客流量本就不少，一时间出现了大量旅客在原址滞留的情况。面对这种情况，村里觉得无论从哪个方面说，保留这个站都是一件好事。所以，在各级运管部门的支持下，村里开始“摸着石头过河”，继续将车站运营下去。仅仅过了三个月，也就是我刚来车站工作的时候，各项业务基本捋顺了。

我清晰地记得，我到这里的时候，车站的名字是“郑州市长途汽车东分站”，因为村里没有专业的人员管理，那时候车站几乎是靠着从交运集团留下来的两位工作人员分别主管安全和运营，车站才得以平稳发展，郑州市、管城区交通运输部门也很支持我们，后来给我们批复了一些新的运营线路，我们车站越办越好。

车站运营了两年多之后，我们越来越发现“东分站”这个名字容易给客人造成误解，总被认为是交运集团的，甚至有时候客人会和“东站”搞混淆。经过商量，车站决定用我们的位置来命名，当时经过了层层报批，在 1998 年 4 月把名字改成了“郑汴路长途客运汽车站”，一直沿用到现在。我记得改名时，车站日均客流量大约四五千人次。

2002 年，经过我们的努力，车站被河南省交通厅认定为二级汽车站。二级汽车站是什么概念呢？当时车站分五个等级，一级、二级是最好，标准也是最严格的。二级意味着每日客流要 5000 人次以上、发车要超过 180 班次，像车站总面积、停车场面积、投资规模、管理标准等软硬件方面都有相应的标准。

成为二级站后，车站发展一路向好，大约到 2012 年、2013 年时，车站达到黄金期，日均客流超过 6000 人次，日均班次达到二百三四十。在 10 年间，大家的收入也是一路上涨，过年和五一、十一、中秋节等也都有福利发放。

不过，最近几年，我们的客流量却缓慢下降，尤其这两年下降得比较厉害。为啥会这样？我觉得是高铁的发展、私家车越来越多，同时还有网约车、拼车等各类出行方式分流了大量旅客，还有这两年的脱贫攻坚，好多农村劳动力都在家门口就业，不再外出了，也对车站客流有不小的影响。为了应对这种情况我们也新增了网络售票，还加强内部管理、提升服务质量，尽量留住乘客。

回顾这些年车站的发展，我觉得我们站是赶上了好时候，在经济社会迅速发展的时候，我们车站跟着快速发展，而社会的进一步发展大大丰富了群众出行方式，大家的选择越来越多，又影响了车站客流。无论是车站整体向好发展还是效益下滑，我们站 20 多年一路走来的过程，就是郑州时代发展的一个窗口。

# 记忆中的塑料制板厂

**口述：董福生**

**整理：虎　娜**

我叫董福生，1938 年出生，今年 81 岁。我是从郑州市油脂化学有限公司下属的郑州塑料制板有限公司（原郑州塑料制板厂）退休的，这家工厂虽然已经不存在了，但它几十年的发展我都亲身经历，厂子给我留下了许多记忆。

郑州塑料制板厂起源于 1953 年，当时只是个十几人组成的棕床社，算是个小作坊，主要产品就是棕床，原厂址在二马路那一片。1958 年，业务扩大，我们成了国有的综合木器社下面的一个单位，主要做棕床、小推车等。当年为了支援三门峡组建木器厂，我被调到了三门峡，具体负责人员档案和社会关系的维护。

1963 年，也就是我还在三门峡工作的时候，厂子搬到了城南路 185 号，当时的环境真差，都是土路，没有电，棕床社大门还是用木头做成的。棕床社的北边就是城墙，城墙下面有条护城河，护城河里面都是脏水，臭气熏天，厂区的南边是一条河沟（今熊耳河）。

1964 年，支援三门峡建设的工作人员都各自返回了原单位，我也回到了郑州，单位支部书记看我在三门峡负责过外调工作，回来就让我做起了支部干事，主要还是负责人员的档案和社会关系维护。

接下来的几年，厂子经过发展和改制，到 1975 年改名为“地方国营郑州塑料制板厂”，我还清晰地记得这个独特的名字，因为开头是“地方国营”。

1976 年的时候，我们厂主要生产的有胶合板、塑料板、纤维板等，因为我们厂是河南省唯一的生产单位，产品全是调拨形式，根本不愁销路。20 世纪 70 年代末的时候，我还带五六个人去北京学习了半年，带回来塑料板的相关技术，将我们的产品升级了。当时生产的一种蓝色的工业用的塑料板，规格是 1 米乘 2 米，能搭建临时厂房，还带绝缘功能，非常畅销。

1978 年，经济体制改革，厂里的效益更好了，工人由原来的几十人变成了上百人，原来木头的大门也改成了大铁门。随着社会经济的发展，之后的很多年里，我们厂的效益也一直很好。

到 1987 年，我退休了，我儿子接了我的班，我就回农村老家居住了。过了几年，因为老伴照顾孙子来到了郑州，我又来郑州生活了。

90 年代末以后，厂子经过了发展和改制，最后成了私人企业并搬迁到别处，老厂房也都盖成了家属院，但我仍居住在这里。厂子是改制了，但我们的待遇没受到什么影响，我的退休工资从开始的几百块涨到了现在的 3000 多块。我们生活的这一片有好多我们厂的退休职工，社区对我们也都挺友好、很照顾，我的退休生活也非常惬意。

因为在这里干了大半辈子、生活了大半辈子，孩子接我班也在厂里工作，等于我们连着两辈人都和这个厂结下了不解之缘。

# 附　录

## 郑州商城是商汤灭夏前后的亳都

邹　衡

郑州商城自 1955 年发现至今已有 48 年了。关于郑州商城的性质，自 1978 年以来，在学术界已讨论了整整 25 年，现在，绝大部分学者都认为郑州商城是商汤所居亳都。经碳 14 测定，郑州商城的始建年大约在公元前 1600 年（取整估定）左右，本会定郑州商都建城 3600 年是有科学根据的。因为这个年代应该是商王朝建国的起始年，郑州商城无疑是商朝的国都，也是商朝最早的国都，不用说，郑州商城便是商汤在灭夏前后所建立的亳都了。

关于商汤之亳都，自东周以来，大约有九种不同的说法：在山东有所谓曹县说；在安徽有所谓亳州说；在河南有所谓商丘说、郑州说、偃师说、内黄说；在山西有所谓垣曲说；在陕西有所谓杜县说、商洛说等。据考证，以上九种亳说中，除曹县说与郑州说外，都没有汉以前的文献记载，而曹县说的文献记载，实际上记的是东周宋国的国都，与商都无涉。其他七种亳说，都是汉或是汉以后的记载，有的还有严重的问题。例如河南内黄之所谓“古亳城”，不过是明朝人所伪托，内黄只有“故殷城”，即河直甲所居，根本没有“古亳城”；山西垣亳说之“亳”字，原来不过是“皋落”之“落”字的讹音；陕西杜县之“汤亳”，乃戎王号汤者之邑，亦非指商汤之亳都；陕西商洛之“商”，是指秦商鞅之封地，与商之始封地无关；河南偃师所谓西亳，在西汉只是说到“下洛之阳”，东汉也只称“尸乡”，根本没有提到“亳”字；安徽之亳州，更是后起。因此，要在古代文献上来辨别亳都，怕是很难办到的。时至今日，我们不能只就文献而论商汤亳都，而是要依赖于考古学了。

用考古学的方法来寻找或证实商汤亳都，当然要同考古学上的商文化相联系，这就是：第一，亳都的位置一定要在早商或先商文化的分布范围之内；第二，亳都的年代要同早商或先商文化遗址的分期与年代相吻合；第三，亳都的规模要与早商或先商文化遗址的大小相应称，一般地说，亳都应该是与其同时的商文化中最大的遗址；第四，亳都应有与其同时而重要的文化遗迹，如宫殿基址、陵墓之类；第五，亳都应包括具备王室规格的文化遗物，如大型青铜礼器及其他重要文物等。

若用这五项标准来检验以上九种亳说，则山东曹县说、安徽亳州说、河南商丘说是首先应该排除的，因为在此三处均未发现先商文化和早期早商文化遗址，与其同时的只发现岳石文化遗址，而岳石文化并非商文化。河南内黄说、山西垣曲说、陕西杜县说、商洛说虽都发现了早商文化遗址，但未发现早商早期文化遗址，更未发现先商文化遗址，且其遗址规模都较小，根本不具备都城条件，所以也都应予以排除。剩下来就只有郑州与偃师二说值得考虑了。此二说都具备一定的考古条件，虽然偃师说还缺乏重要的文化遗物，但大体说来，此二说都应该是早商都城无疑。不过，早商时期不可能同时有两个首都，只能有一个首都，另一个应该叫陪都或离宫之类。何者为首都亳城呢？这就需要研究和比较了。以遗址范围而论，郑州早商遗址总面积约 25 平方千米，偃师早商遗址不足 5 平方千米，两者相差悬殊。

以城墙大小而论，郑州商城发现外、中、内三重相套的城墙，中城城垣周长 6960 米，面积约 300 万平方米。偃师商城发现大小两座错落的城墙，内有宫城，小城稍早于大城。大城城垣周长 5800 米，面积约 165 万平方米，小城面积还不到大城之半。若以郑州之中城与偃师之大城相比，约比二与一之比稍弱；又若以郑州之中城与偃师之小城相比，则约比四与一之比稍弱。偃师西亳说者常以小城为准，其大小仅及郑州商城的四分之一，两者亦相差悬殊。

以年代而论，郑州之中城，始建于南关外期，偃师之大城，始建于二里岗下层偏晚，略晚于郑州之中城；偃师之小城，始建于二里头文化四期偏晚，约与郑州之中城同时，或稍有前后，郑州之中城或稍早。

以出土遗物而论，郑州商城曾发现青铜礼器 200 余件，最高者达到 1 米；偃师商城还很少发现青铜礼器。

通过以上简单的对比，明显地看出，从都城规格而言，郑州商城远远地超过了偃师商城。所以在考古学上，郑州商城更符合早商亳都的条件。

再就古代文献而论，郑州亳城早有东周的文献记载，即《春秋经》襄公十一年“同盟于亳城北”，在《春秋左传》所见“亳”字或其同音字中，唯独此条有"亳城”二字。更重要的是，在上世纪50年代，恰恰在郑州商城北部出土了大批带“亳”字的东周陶片，其中尤有“亳丘”二字。丘即墟，亳丘即亳墟，可见东周时，亳城已成为废墟，亳城更应早于东周，与《春秋经》恰好对应。

西汉董仲舒在《春秋繁露·三代改制质文》中称汤“作宫邑于下洛之阳”，又说文王“作宫邑于丰”，武王“作宫邑于镐”，于成王则说“作宫邑于洛阳”，而不说“作宫邑于丰、镐”，如同说汤“作宫邑于下洛之阳”，不说“作宫邑于亳”。成王本都丰、镐，而洛阳不过是其别都，即东都，亦即陪都或离宫而已。同样，汤本都亳，“下洛之阳”即偃师商城，不过是其西都，即陪都或离宫而已。因为尸乡，即偃师商城，本不称亳，所以东汉班固只说“尸乡，殷汤所都”，即陪都；而不说“亳，殷汤所都”，即王都。总之，郑州商城是商汤灭夏前后的亳都，而偃师商城只能是商汤之陪都。

至于郑州商城隞都说，既无文献根据，又与郑州商城的年代不合，所以是根本不能成立的。何况现在在郑州以西二十多千米的荥泽附近，已发现了隞都遗址，郑州商城隞都说就更不用再讨论了。

——摘编自《郑州商都3600年学术论文集》

# 郑州商都3600年学术研讨会暨中国古都学会2004年年会纪要

2004年11月1—5日，“郑州商都3600年学术研讨会暨中国古都学会2004年年会”在河南省省会郑州召开，来自北京、西安、洛阳、开封、南京、安阳、杭州、偃师、太原、苏州、徐州、大同、赤峰、荆州、上海、济南、昆明、武汉、咸阳、绍兴、广州、郑州等地的专家学者和中国古都学会与各地古都学会的领导和代表180余人出席了本次会议。会上，原国家文物局局长张文彬，北京大学教授邹衡、李伯谦，中国社会科学院考古所所长刘庆柱，中国古都学会会长、陕西师范大学教授朱士光等专家学者围绕郑州商城的地位、郑州商都的建都时间等展开了深入的讨论。专家们认为，经过50余年的考古发掘和相关学科专家学者的深入研究，郑州商城作为商代早期建立的一座都城，至今已有3600年历史，其建筑规模之大，规划布局之严整，文化内涵之丰富，堪称当时世界之最。郑州商城作为商代早期政治、经济、军事、文化的中心，是中国古都发展史上一个重要的里程碑，在探索夏、商、周三代文明发展中具有承上启下的重要作用。以商都为代表的郑州地区还发现了西山、新砦、古城寨、大师姑、小双桥等一批古代城址，两周时期的郐国、虢国、郑国、韩国等诸侯国也曾先后定都于此，这些都表明郑州所在地域存在一个古都群，这更进一步确立了郑州在中国古都发展史上的重要地位。与会代表一致赞同古都郑州可与西安、北京、洛阳、开封、南京、杭州、安阳七大古都一起并称为“中国八大古都”。

由“中国七大古都”到“中国八大古都”的发展是中国古都学与考古学、先秦史学等学科研究的新进展，是中国古都研究不断深入的结果。将郑州列入“中国八大古都”不仅可以促进郑州商城及郑州古都群遗址的保护和研究，推动郑州市经济建设与文化建设的发展，对今后我国古都学研究的发展也将起着十分重要而积极的作用。

中国古都学会

二〇〇四年十一月五日

# 参考文献

[1] 郑州市管城回族区志编纂委员会 . 管城回族区志( 1991—2003 ). 郑州: 中州古籍出版社 . 1993.

[2] 徐恕 . 嘉靖郑州志 . 刻本 . 嘉靖三十一年 .

[3] 黄志清 . 康熙郑州志 . 刻本 . 康熙三十二年 .

[4] 刘瑞璘 . 郑县志 . 刻本 . 民国 20 年（ 1931 ）.

[5] 郑州市商城遗址保护管理处 . 郑州文庙 . 北京：科学出版社 . 2015.

[6] 孟宪明 . 图文老郑州・老街道 . 郑州：中州古籍出版社 . 2004.

[7] 管城回族区文物局 . 管城回族区文物志 . 郑州：中州古籍出版社 . 2012.

[8] 张国硕 . 夏商时代都城制度研究 . 郑州：河南人民出版社 . 2001.

[9] 河南省文物研究所 . 郑州商城考古新发现与研究( 1985—1992 ). 郑州: 中州古籍出版社 . 1993.

[10] 程士玉 . 建设郑州新商都 . 郑州：河南人民出版社 . 1993.

[11] 郑州市管城回族区地名办公室 . 郑州商城考 . 郑州：中州古籍出版社 . 1993.

[12] 杨育彬 . 中国青铜器全集 . 北京：文物出版社 . 1996.

[13] 河南省文物考古研究所 . 郑州商代铜器窖藏 . 郑州市文物考古研究所 . 北京：科学出版社 . 1999.

[14] 郑州历史文化丛书编纂委员会 . 郑州市文物志 . 郑州：河南人民出版社 . 1999.

[15] 河南省文物考古研究所 . 郑州商城：1953—1985 年考古发掘报告 . 北京：文物出版社 . 2001.

[16] 杨育彬 . 20 世纪河南考古发现与研究 . 袁广阔 . 郑州：中州古籍出版社 . 1997.

[17] 郑州市人民政府 . 郑州商都 3600 年学术论文集 . 中国古都学会 . 中国殷商文化学会 . 郑州：中州古籍出版社 . 2004.

[18] 郑州市人民政府 . 郑州商都 3600 年学术研讨会暨中国古都学会 2004 年年会论文选编 . 中国古都学会 . 郑州：中州古籍出版社 . 2005.

[19] 郑州博物馆 . 郑州博物馆文物集粹 . 郑州：中州古籍出版社 . 2018.

[20] 郑州市地方史志编纂委员会 . 郑州市志・1. 郑州：中州古籍出版社 . 1999.

[21] 郑州市地方史志编纂委员会 . 郑州市志・2. 郑州：中州古籍出版社 . 1998.

[22] 郑州市地方史志编纂委员会 . 郑州市志・3. 郑州：中州古籍出版社 . 1997.

[23] 郑州市地方史志编纂委员会 . 郑州市志・4. 郑州：中州古籍出版社 . 1999.

[24] 郑州市地方史志编纂委员会 . 郑州市志・5. 郑州：中州古籍出版社 . 1998.

[25] 郑州市地方史志编纂委员会 . 郑州市志・6. 郑州：中州古籍出版社 . 1998.

[26] 郑州市地方史志编纂委员会 . 郑州市志・7. 郑州：中州古籍出版社 . 1998.

[27] 郑州市地方史志编纂委员会 . 郑州市志・8. 郑州：中州古籍出版社 . 2000.

# 编纂始末

根据中国地方志指导小组办公室《关于启动〈中国名街志丛书〉编纂工程的通知》和《中国名街志文化工程实施方案》部署，开发利用地方志文化资源，传承乡土历史文化，保存乡土文化记忆，充分发挥地方志“资政、教化、存史”功能，是一项意义重大的工作。

《东大街街道志》编纂之始，编纂团队立足于展现东大街街道发展特点和独有价值，统合古今，详今略古。对中华人民共和国成立以后，特别是中共十一届三中全会以来所发生的重要史实进行重点记述，深入挖掘东大街街道锐意进取的发展历程、改革创新的人文精神。

《东大街街道志》从街情特点出发，突出街域特色和重要史实，在篇目设置上力图有所创新，在语言上努力追求朴实、严谨、简洁、流畅，增加可读性。

《东大街街道志》坚持生不立传的原则。因此，有一批曾为东大街街道政治、经济、社会、文化发展做出过诸多奉献的贤达俊杰未能入选本志，在此我们深表歉意。

在《东大街街道志》编纂过程中，《河南日报（农村版）》地方史志编辑部的编辑各负其责，其中殷淑娟负责编纂《概述》《基本街情》《经济发展》，盛俊红负责编纂《郑州商城遗址（东大街辖区）》《郑州文庙》《文物胜迹》《古街老巷》《大事纪略》，段俊韶负责编纂《民俗风情》《教科文卫》，孙兵负责编纂《基础设施》《街区管理》《街区人物》，刘振宇负责编纂《口述史》。后期，盛俊红、殷淑娟负责书稿的初审，《河南日报（农村版）》总经理顾华负责书稿复审，保证了《东大街街道志》的顺利完成。

东大街街道办事处十分重视街志的编纂工作，街道党工委书记曹广凤，办事处主任李翔，街道党工委副书记、政协工委主任张振虎多次对街志编写提出要求，审核提纲。

党政办副主任陈丽具体负责协调各领域、各部门、各村，合力支持街志编写工作。街道各部门以及相关单位积极提供资料。在此，谨向为本书付出辛勤劳动的所有人士致以衷心的感谢！

因本书中所选照片及文章众多，部分作品未能在出版前及时联系到著作权人，请著作权人看到后与我们联系，我们将奉上稿酬。

街志编纂工作，时间仓促，资料分散，加之理论水平有限，才疏学浅，虽潜心编纂，数易其稿，其错误和遗漏的地方在所难免，敬请社会各界人士和专家学者批评指正。

《东大街街道志》编纂委员会

2019 年 12 月